BANGYANG DE
ZHENGNENGLIANG

榜样的正能量

向榜样学习

学习

责任·尊重

刘广富　编著

北京出版集团
北京出版社

图书在版编目（CIP）数据

向榜样学习．责任·尊重／刘广富编著．— 北京：
北京出版社，2014.1
（榜样的正能量）
ISBN 978 - 7 - 200 - 10319 - 9

Ⅰ．①向… Ⅱ．①刘… Ⅲ．①品德教育—中国—青年
读物②品德教育—中国—少年读物 Ⅳ．①D432.62

中国版本图书馆 CIP 数据核字（2013）第 282766 号

榜样的正能量
向榜样学习　责任·尊重
XIANG BANGYANG XUEXI　ZEREN · ZUNZHONG

刘广富　编著
*
北 京 出 版 集 团
北 京 出 版 社　出版
（北京北三环中路6号）
邮政编码：100120

网　　址：www.bph.com.cn
北 京 出 版 集 团 总 发 行
新 华 书 店 经 销
三河市同力彩印有限公司印刷
*
787 毫米×1092 毫米　16 开本　12 印张　170 千字
2014 年 1 月第 1 版　2023 年 2 月第 4 次印刷
ISBN 978 - 7 - 200 - 10319 - 9
定价：32.00 元
如有印装质量问题，由本社负责调换
质量监督电话：010 - 58572393
责任编辑电话：010 - 58572303

前　言

众所周知，我们中国的历史，就是一部中华民族世代传承的历史。几千年来，中国人用绵延不绝的责任，惊天动地，创造奇迹，推动我国历史社会的发展：大禹治水，三过家门而不入，身影何其匆匆；身受宫刑，司马迁忍受剧痛，"穷天人之际，通古今之变"。"史家绝唱"何其恢宏；虎门销烟，林则徐铸我中华尊严，神情何其巍巍；毛泽东指点江山，聚万众之心，开天辟地，点燃中华民族伟大复兴之火……是的，只要我们敢负责任，我中华民族江山怎能不多娇，国力怎能不强盛，社会怎能不进步，人民怎能不幸福？

责任作为我们中华民族的基本美德，尊重又未尝不是？中华民族号称礼仪之邦，恪守着推己极人，己所不欲，勿施于人，敬人者恒敬之，爱人者人恒爱之等一系列古训。将心比心，凡事不仅替自己想，也要替别人想；你有自尊，他人也有；尊重别人，也就是尊重你自己。这就是我们中国人自古以来传承下来的观念。"刘备三顾茅庐"的故事告诉我们只有尊重别人，才能受到别人的尊重和依赖，才能在社会上立足。周恩来同志为了党和国家的前途和命运，对他人和自己事业的尊重，无人能及，毫不保留地献出了自己毕生的精力。

然而，提到青春，却很少会有人把它和责任联系在一起。青春是热情和张狂，而责任却冰冷坚硬；青春是神采飞扬，责任却让人眉宇紧锁；青春的你以挥霍光阴来显示做人的洒脱，而责任让人感喟人生的厚重与疲累。青春和责任就这样纠缠、斗争，最后统一到了我们青年身上。九十四年前，曾经有这样一批青年，在民族危亡的关头，挺身而出，用羸弱的肩膀担起了民族救亡的重任，在历史上写下浓重的一笔，让人们永远记住了五月四日。今天的我们和那时的他们一样，是处于人生黄金阶段的青年时期，不同的是五四青年扛起了拯救国家民族于水火的重担，而此时的我们责任是学习。不同的历史境遇赋予了两代青年人不同的责任和使命，但是同样的青春使我们在不同的历史阶段扮演着同样重要的角色，为祖国的昌盛付出属于自己的那份努力。

本书选取了近代一些具有强烈责任心的榜样先锋，有的在自己的岗位成就了一番伟业，有的在为国家的富强而奋斗，有的献出自己宝贵的生命……这些榜样的精神不会随着历史的长河被湮灭，会永远被后人所铭记。

如今，我们应当成为有责任意识的一代，因为我们都是青年，是祖国的未来和希望，肩负着建设祖国美好未来的重任。梁启超先生曾说过：故今日之责任，不在他人，而全在我少年。少年智则国智，少年富则国富；少年强则国强，少年独立则国独立；少年自由则国自由，少年进步则国进步。

在这伟大的时代，崇高的责任就当落在我们青少年的身上。我们应立志成为一个有责任感的人，认真学习，用知识武装自己的大脑，立志成为国家的栋梁之材，服务于社会，造福于人民。我们应该有所选择，选择责任，有所作为，做一名负有责任的人！

尊重他人，肩负起自己的责任。少年们，青春苦短，人生路长，让我们勇敢地担负起自己的责任和使命，唱响一曲壮美的青春之歌。

目　录

第八章　人所不能负的责任，我亦能负 / 167

第一章

我们不是为自己而生

"稽查能手"叶清

【模范人生】

　　叶清，江苏泰兴市地税稽查局女稽查员，被人誉为"稽查能手"，也是最让领导放心的一名稽查员。在一个大有油水可捞的税务督察的岗位上，承担着一份沉甸甸的责任，用自己的行动诠释着对职责的信仰和坚守。

　　1999年之前，饮食服务业一直根据开具发票金额结算税款，漏征漏管现象严重。于是分局下达了实施定额管理的任务，这样一来，叶清就面临着更大的工作挑战：第一，让每个业主转变观念接受定额管理；第二，需要在很短的时间内完成各项材料的更新填报。很显然这是一个吃力不讨好的任务，家人都劝她换个工作岗位，叶清却执意不肯，她说："我选择了这份工作，就不能怕苦怕累。大家都觉得难，要调换岗位，工作谁来做啊？"

　　接受新任务之后，叶清就开始挨家挨户向纳税户宣传新规定。而有些企业老板总喜欢和稽查人员"捉迷藏"，于是她专门选择在吃饭的时候去"堵"那些饭店老板，人总算被找到了，而自己常常要挨饿，即便如此她也从不接受商家的盛情款待。

　　既然接受稽查工作，总免不了要面临"说情关"，与之俱来的往往还有"糖衣炮弹"。2005年，叶清奉命稽查一家小型工业企业，查补税款2万元，罚款4万元，还要移交检察院，这对一个创业型企业打击很大。企业找了很多她的亲友甚至领导、同事说情，又要请客，又要送礼，希望她"高抬贵手、草草结案"。但都被叶清义正词严地拒绝了，她说："权力不是交易的筹码，而是打击偷逃税的利剑，税法没有任何弹性可言。"于是铁面无私的叶清没有给企图徇私的亲友留下好印象，但在工作中建功不凡，仅 2005 年就查处涉税案件 44 起，查补税款滞纳金 300 多万元。是一位名副其实的"稽查能手"。

【精神榜样】

"我只是做了自己分内的事，担负了自己应该承担的责任。做人要做个好人，干工作要做个好稽查员，这就是我的人生理想。"叶清朴素的语言却掷地有声，她也告诉社会所有的人：工作是对责任的坚守。责任体现了一个人的心态、态度、原则、作风、风格、习惯、思想；责任体现了一个人的心智、格局和胸怀；责任体现着一个人的使命、生活空间和追求。

我这匹"马"还能拉几年套

【模范人生】

1937 年马永顺在东北林区做劳工，受尽了日本监工头的折磨。新中国成立后，马永顺怀着喜悦的心情热情地投身于社会主义新林区的开发和建设，成为铁力林业局的一名工人。

身份转变之后，马永顺欣喜若狂，他将全部的热情都投入到伐木的工作中去。曾创下了一个冬天手工采伐木材 1200 立方米，一人完成 6 个人的伐木量，创造了全国手工作业伐木之最。马永顺曾多次被评为黑龙江省特等劳动模范和全国劳动模范，并 14 次受到毛泽东、周恩来的接见。周恩来总理曾亲切地对他说："你们林业工人是很辛苦的……你们不光要多出木材，出好木材，同时还要多造林，青山常在，永续利用。"马永顺估算了一下，他为共和国建设大半辈子采伐原木大约 36500 棵，他决定后半生用植树造林来偿还大山这笔账。

以国家需要和民族大业为己任的祖国至上精神是马永顺精神的核心内容，它贯彻着马永顺一生的始终。马永顺生在解放前，从小吃苦挨饿，受尽日本侵略者和封建把头欺凌压迫。解放后，贫苦百姓翻身做主，成为新中国的主人，马永顺炽热的爱国之情从内心迸发出来，他满怀对党的感激，立志投身于社会主义新林区的开发建设中。新中国成立初期，国家百废待兴，经济建设急需大量木材。为了国家的建设，马永顺在工作和生活条件极为恶劣、林区树木采伐设备和技术落后的条件下，顶风雪，战严寒，不畏寒风酷暑，不怕艰难险阻。为了提高劳动生产率，他虚心求学，刻苦钻研，大胆开拓，改革创新，不仅改造了伐木工具，而且总结出一套"五好六不放"的伐木方法，创造了全国手工伐木的最高纪录，极大地提高了生产效率，为国家建设奉献了大量木材。当木材资源限于枯竭，党和政府号召绿化祖国的时候，他居危思变，身体力行，年年坚持义务植树，即使退休后也依然坚持不断。马永顺自觉自愿的植树造林、绿化荒山的行为，充分体现了他以国家和民族利益为己任，为国分忧、为民分忧的高尚情怀。

为了实现周总理"青山常在，永续利用"的嘱托，他立志偿还历史"欠账"。退休后不享清福，不求报酬，以山为家，把心血浇注在祖国的绿色事业上，在建设秀美山川的宏伟事业中再立新功。在林业面临危困之际，他用自己的精神力量和人格力量，为千千万万个林业战线上的职工群众树立了榜样，指明了方向。他的"位卑未敢忘忧国"的品格和爱岗敬业的精神，集中地反映了中国工人阶级的优良本色。他坚持不懈地植树造林，永不停息地劳动，把绿化祖国、整治山河的伟大事业，一代接一代地传下去，为根治水患和沙漠化，保护和拓展中华民族的生存与发展环境做出了应有的贡献。他全心全意、尽忠竭智、精益求精，对事业高度负责，对工作刻苦钻研的精神，已成为龙江儿女拼搏向上的勇气和开拓进取的力量。

具有高度责任感的马永顺，就专心致力于义务植树，用自己的实际行动，为青山常在做出贡献。当马永顺已近80岁高龄时仍有近千株树没有补上，于是他率领全家老少集体上山义务栽树，经过一家人的齐努力，欠大山的"账"总算补上了，但这时马永顺又有了新的想法，"我已向大山许了愿，只要身子骨不散架，就要上山造林。"

17年间，马永顺造林不止，带领全家人义务植树5万余棵，1988年6月，马永顺荣获联合国颁发的全球环保500佳荣誉称号。1999年，在被授予全国五一劳动奖章后，他又获得全国十大绿化标兵称号。

【精神榜样】

责任是能量的源泉，一个人具有强烈的责任感，就等于获取了一种源源不断的驱动力，就会像永动机一样不知疲倦，而无穷的动力是他获得成功的保证；强烈的责任感还会激发一个人无限的热情，他将会全神贯注地投入，并且会竭尽所能做到最好。马永顺的事迹正体现了这一点。

我撒退了，谁来保护山丹马

【模范人生】

河西走廊中部有一片水草丰美的牧场，是当年霍去病牧养兵马的地方，在大汉朝的时候那里曾经享有着无上的荣耀。但随着年代的远去也慢慢淡去了那份足可称道的荣耀，而近10年来，随着全球气温上升和河西走廊地区植被的严重破坏，甘肃一部分地区土地沙漠化趋势已越来越严重。面对日趋艰苦恶劣的生存环境，许多人走出去之后就再也没有回来。

但王永军意志坚定地对所有人说："我们不能走！如果我们撒退了，谁来保护山丹马，谁来保护草原？"王永军——中牧集团总公司山丹马场的场长，在马场工作了几十年的牧马人，在20世纪五六十年代时，王永军便和父亲在马场喂马，在三年困难时期，王永军和父亲每天给马群喂鸡蛋和豌豆，自己却饿着肚子。

"过去养马是为了守卫边疆，现在养马是守护生态。时代变了，但使命未改，责任未改。""保护草原是我们的职责所在，因为我们的根就在草原。"于是王永军就勇敢地挑起了保护马匹、保护草原的重任。

为了掌握更科学的养马技术，王永军先后到青海、陕西等地学习，带人搞暖棚育肥，发展科植业。功夫不负有心人，2004年山丹马场一场实现社会总产值2350万元，赢利78万元，职工人均收入8500元，两费自理率达到100%；王永军带领职工们培育的山丹马也曾获得全军科技成果一等奖、国家科技一等奖；而王永军个人也被评为国资委系统的劳动模范。

王永军把保护草原和山丹马当成自己天生的使命和责任。在极端艰苦的自然条件下，带领职工求科技谋发展，为山丹马、草原和生态环境做着自己能够尽力做到的一切。

【精神榜样】

人来到这个世界上，本来就是有目的的，不是为了享受安逸，而是为了接受造物主为人做出的安排，那就是你的使命。责任如影随形，由于强烈的责任感，你会产生一种发自肺腑的爱，一种热爱，甚至是一种需要去奔赴的使命。这种使命需要你用热情和行动、勤奋和努力以及自动自发地去做。

送信是我的使命

【模范人生】

　　王顺友，四川省凉山彝族自治州木里藏族自治县邮政局投递员，20年来，他一直从事着一个人、一匹马、一条路的艰苦而平凡的乡邮工作。邮路往返里程360公里，月投递两班，一个班期为14天。22年来，他送邮行程达26万多公里，相当于走了21个二万五千里长征，相当于围绕地球转了6圈！

　　王顺友担负的马班邮路，山高路险，气候恶劣，一天要经过几个气候带。他经常露宿荒山岩洞、乱石丛林，经历了被野兽袭击、意外受伤乃至肠子被骡马踢破等艰难困苦。他长年奔波在漫漫邮路上，一年中有330天左右的时间在大山中度过，无法照顾多病的妻子和年幼的儿女，却没有向组织提出过任何要求。

　　为了排遣邮路上的寂寞和孤独，娱乐身心，他自编自唱山歌，其间不乏精品，像"为人民服务不算苦，再苦再累都幸福"，等等。为了能把信件及时送到群众手中，他宁愿在风雨中多走山路，改道绕行以方便沿途群众，他从未延误过一个班期，准确率达到100%。他还热心为农民群众传递科技信息、致富信息，购买优良种子。为了给群众捎去生产生活用品，王顺友甘愿绕路、贴钱、吃苦，受到群众的交口称赞。

　　2005年，王顺友受到万国邮政联盟的邀请，飞往瑞士为万国邮联行政理事会作关于中国邮政普遍服务的报告，万国邮政联盟是联合国管理国际邮政事务的政府间国际组织，自1874年成立以来，王顺友是受邀作主题报告的第一个普通邮递员。

20年来，王顺友没有延误过一个班期，没有丢失过一个邮件，没有丢失过一份报刊，投递准确率达到100%，为中国邮政的普遍服务作出了最好的诠释。在恶劣的自然环境和艰苦的工作条件下，在马铃孤寂的叮当声中，王顺友日复一日、年复一年孤独地跋涉在高原山谷之间，从未有过放弃和逃离。一个单调而重复的简单工作，对任何人来说都不难，难的是数十年如一日坚守，王顺友靠的是什么——使命感，一个乡邮员的职业使命。

【精神榜样】

责任，对于一个人来说，是一种压力，也是一种荣誉。生活的真谛是承担责任，幸福的含义是履行责任，人生的追求是完成责任，人活着应该牢记责任。可以说，责任是一种对价值的坚守，对信念的执着，更多地体现的是一种精神的力量，是一种永恒的精神。王顺友数十年坚守在自己的岗位上，用责任书写了一首生命赞歌。

线路民警 30 年的坚守

【模范人生】

马汉伟，嘉兴铁路派出所一名普通的线路民警。他日日穿梭在两条钢轨之间，他天天和农民打交道，每天查看和维护着铁路的安全通畅。马汉伟参加铁路工作 30 年，把自己的韶华全部献给了自己的岗位，一个普通四等小站，也将自己的整个人生献给了斜桥这个浙江海宁默默无闻的小镇。

在这个风雨不动摇，默默守护了 30 年的斜桥站岗位上，马汉伟却为当地的百姓做了许许多多不平凡的事。因为铁路提速发展，拆除了原有的人行道，为了村民行路方便，马汉伟在村民、镇政府和铁路工务部门等多方奔走协调，最后终于成功地在原人行过道处建个下跨立交桥，方便了村民通行。为了保障铁路沿线村民的出行安全，他四处奔走修成了一条 200 米的便民小道。

2007 年第六次大提速时，为了实现自己负责的提速区段"零死亡"目标，马汉伟不分昼夜地在线路上巡查，逐个查看区段内的隐患及修补护栏情况，及时检查保安是否到位，设施设备是否完好无损，以确保线路安全保障。

2007 年 6 月，在工作岗位上病倒的马汉伟在医院检查出胆囊总管破裂，因病情严重而进行一次手术。不到一个月马汉伟就悄悄地走上了工作岗位，教导员发现马汉伟在炙热的 7 月天里检查线路，一下子发了火说："这么大太阳，你又刚动完手术，谁让你出来了。不是跟你说了高温期间到驻站点检查落实保安的责任就行了！"马汉伟义正词严地说：现在是特殊时期，我必须到岗，你怎么能让我休息呢？发火后的教导员，摇了摇头，却又被他深深地感动着。

马汉伟在小站的 30 年间，从没请过一次假，就是两次做手术也都是利用年假休息完成的。30 年间，马汉伟除了一次去领劳模荣誉，从来没有离开过小站。他的家人早都全部搬到海宁市区了，只有他依然坚持一个人住在斜桥。"我待习惯了，我爱这个地方。"

马汉伟在斜桥一驻就是 30 年。30 年间，斜桥站的职工换了一茬又一茬，旅客走了一批又一批，小站改建了一次又一次，而只有马汉伟，像一个路标一样始终默默地矗立在斜桥站的站台上，岿然不动。因为马汉伟把斜桥当成了自己的家。马汉伟一心扑在铁路上，他对岗位的热爱和强烈的责任感见证了从平凡走向卓越的不凡人生。

【精神榜样】

每个人一出生就有着多重的身份，而每一个身份都承担着不同的责任。人活在世上，就要肩负起这些责任。是否重视自己所承担的责任就体现出一个人的道德修养。我坚信，只要一个人重视并勇敢地承担起自己的责任，他就会受人尊重、尊敬。受人尊敬、爱戴的人有很多，他们中没有一个人是轻视责任的，他们都尽心尽力地肩负着自己的责任。我们要明确自己的责任并且担负起我们的责任。只有这样，我们才会被人们尊重；只有这样，我们才对得起自己的良心！

"金牌工人" 许振超

【模范人生】

许振超，新合资的阴港集装箱公司技术部固机部经理，全国劳动模范，第十一届全国人大代表常委。

当一名现代工人，如果缺乏爱岗敬业的技能，单凭爱岗敬业的热情，是远远不行的。许振超参加工作 30 多年来，以"干就干一流，争就争第一"的精神，立足本职，务实创新，干一行，爱一行，精一行。他自学成才，苦练技术，练就了"一钩准""一钩净""无声响操作"等绝活，带出了"王啸飞燕""显新穿针""刘洋神绳"等一大批具有社会影响的工作品牌。他带领团队按照"泊位、船时、单机"三大效率的标准要求，深入开展比安全质量、比效率、比管理、比作风的"四比"活动，先后 6 次打破集装箱装卸世界纪录，使"振超效率"令世人赞叹，将"振超精神"名扬四海。"10 小时保班"服务品牌为顾客提供了超值服务，吸引了全球各大船运公司纷纷在青岛港上航线、换大船。2006 年青岛港彙装箱达到 7702 万标准箱，截止到 8 月，位列世界第 11 强。

许振超积极响应建设节约型社会的号召，按照青岛港"管理挖潜年"的要求，多方试验在冷藏集装箱上加装节电器，仅 2005 年就节约电费 600 万元，投资回报率达到 60%。自 2006 年以来，他积极响应国家节能减排的号召，领衔组织实施了轮胎吊"油改电"技术改造，填补了这一技术的国际空白，在全部 77 台轮胎吊投入使用后，年节约资金 3000 万元以上，噪声和尾气污染大为降低，接近于零。

青岛港集团董事局主席、总裁常德传说："为什么会有'振超效率'？许振超能够将下面的一帮子人领起来。在许振超的带动下，他的绝活'振超效率'，80%以上的人都已能熟练掌握，许多工人还掌握了新的绝活。世界纪录不断被刷新，已不仅是许振超一个人的力量，更是许振超带动下的团队的力量。"

【精神榜样】

激情是成功的燃料，可以释放出潜在的巨大能量，使自己充满活力，培养自己对事业的狂热追求。责任意识淡薄甚至缺失的人，一般会认为工作结果的好坏与自己的关系并不大，所以他们就不会全身心地投入，更谈不上激情；而只有具有强烈的责任感时，才会全力以赴。因此说，责任精神可以改变人们的态度，可以把乏味变得有趣，让人不管在哪儿都能获得成就，也将决定一个人的高度。

新中国石油战线的铁人

【模范人生】

王进喜，新中国第一代的钻井工人。1958年9月，他带领钻井队创造了当时月钻井进尺的全国最高纪录，荣获钢铁钻井队的称号。

在20世纪60年代初，中国发现了一个大油田——大庆油田。当时面对物资和技术的匮乏，中国发动了一场规模空前的石油大会战。王进喜积极响应国家号召，率领玉门油田的1205钻井队赶到大庆，加入这场石油大会战中。在大庆面对没有公路、车辆不足、吃住等许多难以想象的困难，王进喜和他的同事下定决心：即使有天大的困难，也要高速度、高水平地拿下大油田。钻机运到大庆后，吊车不够用，几十吨的设备无法从车上卸下来。这一刻，王进喜彰显出了极大的主人翁精神，他说："咱们一刻也不能等，就是人拉肩扛也要把钻机运到井场。有条件要上，没有条件创造条件也要上。"于是，王进喜就带领大家用滚杠加撬杠，靠着双手和肩膀，奋战3天3夜，终于将这个庞然大物安然卸了下来。要钻井时，水管还没有接通，王进喜又带领大家到附近水沟里取水，硬是用脸盆、水桶，一盆一桶地往井场端了50吨水。经过一系列的艰苦奋战，王进喜带领大家仅用了5天零4个小时就开凿出了大庆油田的第一口生产井。

在之后的岁月里，发生了一次油井井喷事件，当时没有压井用的重晶石粉，王进喜当即决定用水泥代替，但是成袋的水泥倒进去之后仍然不管用。于是腿伤未好的王进喜奋不顾身地跳进泥浆池，用身体搅拌水泥，被人们誉为"铁人"。当时并没有明确的制度规定，发生井喷时该由谁承担责任，承担什么样的责任，更没有任何具体的说明。

在这种紧急状况下，需要用人的身体在冰冷的泥浆中充当搅拌机的作用。王进喜奋不顾身、不计个人得失，把自己和油田看成了一体，彰显了极大的"主人翁精神"。

王进喜曾多次向工友们说："一个人没有血液，心脏就停止跳动。工业没有石油，天上飞的，地上跑的，海上行的，都要瘫痪。没有石油，国家有压力，我们要自觉地替国家承担这个压力，这是我们石油工人的责任啊！"王进喜正是用强烈的责任感和极大的主人翁精神填补了执行任务过程中的"责任空白"，积极地扛起了生产发展的重任。

【精神榜样】

在社会中生活，我们会扮演不同的角色，而往往每一种角色都伴随着一份责任而存在。正因为有了责任，我们才有了动力；也正因为这种动力驱使我们不断地前进，我们才能享受到尽责的快乐。对自己尽责，享受成功的喜悦，"最大的敌人其实是你自己"。我们常常会想到这句话；我们能辨别是与非，却常常在"该"与"不该"中徘徊；我们常常会为失败而叹息，却不知在"该"与"不该"的取舍中丢掉了很多尽责的机会。对社会尽责，享受付出的欢欣。你用你一生赚到的减去这个世界给你的，便是你一生的财富。

一面红旗，一块好钢

【模范人生】

在大庆油田和中国石油工业发展史上，铁人王进喜和 1205 钻井队的名字熠熠生辉。1990 年，一直梦想成为石油工人的李新民被分配到 1205 钻井队。从入队那一刻起，李新民就暗下决心：要像铁人那样工作，像铁人那样做人，一定不能给这个英雄的集体丢脸！

铁人坚持学习、严棒认真、工作在前、吃苦在前的精神始终影响着李新民。在 2000 年 8 月的一次施工中，拉重晶石粉的车陷进了距井场 300 米处的泥水中。情况紧急，李新民忍着关节炎的病痛，咬紧牙，带领 8 名钻工凭着铁人"人拉肩扛"的精神，在泥泞中往返 30 多趟，硬是把 26 吨重晶石粉一袋一袋地背进了井场。

10 多年来，李新民无论在什么岗位，干什么项目，都是以铁人为榜样要求自己、规范自己，扎根井队，无怨无悔，循着铁人的脚步，在工作中切身领会和感悟着铁人精神的真谛。

2003 年，李新民接过铁人的刹把，扛起 1205 钻井队的大旗。承载着 1205 钻井队的辉煌历史，作为 1205 钻井队第十八任队长，李新民深知肩上担子的分量。李新民无比坚定地说，绝不能让 1205 钻井队这面红旗在我们这代人的手中褪色！

李新民把全部心血倾注到工作中，一年中他有 270 多天守在井上，有 2800 多小时跟班作业。李新民说："铁人老队长说过'喊破嗓子，不如干出样子'。我应该时时处处身体力行，做好表率，用铁人精神带好队伍。"

2004 年 2 月，在 1205 钻井队进尺句 200 万米大关突破的关键时刻，井架立管油壬突然刺漏。李新民带领技术骨干成立抢修小组，迅速查出原因，组织排除故障。油壬旋紧的过程中遇到困难，李新民二话不说，系上安全带爬上井架，在刺骨的寒风中抡起大锤砸紧油壬，保证了钻机开钻。

1205 钻井队在李新民担任队长后，打井 250 多口，创造了井身质量和固井质量合格率均达 100% 的好成绩。2004 年 2 月 2 日，1205 钻井队第一个在全国实现累计钻井进尺突破 200 万米，相当于"钻透"了220 多座珠穆朗玛峰，为铁人队的辉煌队史又写下了浓墨重彩的一笔。

李新民把优秀的前辈当作榜样，不仅严格要求自己像他们一样刻苦努力对企业负责，更为可贵的是，他还以身作则，处处身体力行用铁人的精神去影响他的团队，影响队员像自己一样优秀，培养他们的主人翁精神带领他们像自己一样对企业负责，积极地用自己的行动带动和改变企业的气候。

【精神榜样】

责任心是我们做事的动力和源泉，它促使我们将事情做完整做好，不出差错，更深层次地说，也是我们人格和精神的升华。责任关乎人类精神文明的发展，在国家利益这一现实面前，对此做出选择是否承担责任意义重大。自觉承担责任意味着对自己施压，对于心灵和肉体都要接受一段痛苦的历程，然而，梁启超曾说："须知负责任的苦处，才能知道尽责任的乐趣。"当我们尽了分内之责，我们的心才会坦然，良心有安，并不是做给别人看，是人类美德的体现。

码头上的工人楷模

【模范人生】

孔祥瑞，天津港股份有限公司煤码头分公司操作一队队长，他拥有大大小小 150 项发明和创新成果，为企业带来了 9600 多万元效益，是一名出色的知识型产业工人。

孔祥瑞是一个热爱企业、热爱工作的人，他时常随身带着笔记本，随时记录在工作过程中发现的问题和解决方法。他还总是随身携带着书，为的是能在零碎时间里看上一两页。功夫不负有心人，刻苦的学习和钻研终于使孔祥瑞对所有的设备都了如指掌，成为一个真正的行家里手。

孔祥瑞利用自己对各项设备的性能和操作技术的熟练，对许多机器的操作技术进行了革新和改造，这些充满智慧和巧思的改造，不仅使工人们用起机器来更加顺手，也方便了机器的维护，更主要的是这些革新还给企业带来极大的经济效益。

2000 年，孔祥瑞带领队里的技术骨干解决了门机因变幅螺杆与螺母摩擦热量过大而"抱死"的技术难题，直接为公司节约资金 180 万元；2001 年，他主持创新"门机主令器星形操作法"，使门机每一次作业可节省时间 15.8 秒，平均每天多干 480 吨活，当年创效 1600 万元；2003 年，他主持的"门座式起重机中心集电器"技改项目，被授予国家级实用型发明专利。从 2004 年起，他还带领科技人员先后完成了翻车机摘钩杆等 80 多项技术革新。2006 年，改进设备电缆，节约维修成本 100 万元；2007 年，攻克"大型机械走行防碰撞装置"难题，创效181 余万元，主持研制的"大型机械电缆防出槽技术"获国家实用新型发明专利，并创效990万元。孔祥瑞在为企业创出经济效益的同时，也使他所在部门的机械设备使用管理跨入同行业全国领先、世界一流的水平。

孔祥瑞有着强烈的责任感和主人翁意识，全身心地投入到自己的工作中，35年如一日，默默地为企业作出了巨大的贡献，孔祥瑞不仅自己优秀，他还培养出了一批新的技术能手，他用自己的成就证明了知识型工人的价值。

【精神榜样】

顾炎武一句震古烁今的名言"国家兴亡，匹夫有责"，道出了关于责任的要义。历朝历代本分的老百姓，特别是那些为国尽忠、为民尽力的仁人志士，"先天下之忧而忧，后天下之乐而乐"，敢于担当，恪尽职守，使中华民族得以发展繁盛，使民族精神得以弘扬光大。如今，我们能稳定地生活，仰赖于大家履行着责任，知恩应该图报，对此最好的回报，就是负起自己的责任。

刘禄祥的劳模写真

【模范人生】

刘禄祥，四川永川煤矿一名普通的煤矿工人。永川煤矿已具有50年的开采历史，到2001年资源已近枯竭，职工人心惶惶，管理人员纷纷另寻出路。要让职工看到希望，唯一的出路是开拓新的采区，而新采区面临的瓦斯、地压、地温等恶劣的自然条件让包括一些管理者在内的人员不寒而栗。谁去当开路先锋？时为掘进一队队长的刘禄祥挺身而出，立下军令状，带队啃起了这块事关矿井生存发展的硬骨头。3年里，刘禄祥带领全队100多名职工，每天步行一个半小时，到距地面垂高864米的工作地点，顶着33摄氏度以上的高温，遭遇瓦斯等有毒有害气体的侵害，顶板岩子垮落的危险和钻机轰鸣巨大的噪声，挥汗如雨地坚持工作，到2004年年底按时形成采区，解除了1200多名职工的后顾之忧，使永川煤矿绝境逢生。

刘禄祥还是一个具有创新精神的人，他自学计算机网络知识，建立了掘进工艺流程综合监控井下的掘进工作，实现了掘进管理网络化；他独创的刘氏操作法，在公司巡回培训，还得到推广采用；另外他还根据南方特殊的地质构造特点，对掘进工具进行改造，既提高了工效，也减轻了工人们的劳动强度。

刘禄祥带领下的掘进一队的职工，个个达到了小康水平。原因在于刘禄祥有一套独特的经营理念。他经常组织队班开展技术练兵、比武活动，并亲自给职工不间断培训安全生产知识，并在现场手把手地将技艺毫不保留地教给职工，造就了永荣矿业公司独一无二的"铁军"。合理的组织、高超的技术，给全队留下的是每年超600米的进尺，为好的收益打下基础。刘禄祥还有着超强的成本管理意识，每一天每一班用多少材料多少钱，他都烂熟于心，还把成本指标落实到每一个人头上，让每一名员工都从自身做起，这样每一年都能为煤矿节约 100 多万元的成本。此外，刘禄祥还将掘进中的煤炭进行回收，进行有效地资源再利用，此举每年能为矿队增加 80 多万元的收入。

刘禄祥用自己的行动，一方面想方设法为煤矿节约成本，一方面又大刀阔斧为煤矿创造利润，为永川煤矿作出了不可磨灭的突出贡献。刘禄祥也成为知识型、创新型煤矿工人的代表。

【精神榜样】

有位名人说过："治人者必先自治，责人者必先自责，成人者必先自成。"这句话说得极有道理。做人，首先要对自己负责，如果对自己都负不了责，又拿什么对别人负责。生活中有些事并非个人所能左右，但我们能控制自己的思想和行动，我们必须为自己的人生负责，这是做人的本分。刘禄祥努力投入工作中，出色完成本岗位责任任务，不仅是对企业负责，也是对自己的人生负责。

第二章

以"负责"来答复生命

叩启科技农电大门的勇者

【模范人生】

胡永钦，湖南娄底市双峰县永丰供电所所长，先后开发了《配电运行远程监控装置》（获国家专利）等9项科技成果。这些成果既减轻了农电工的劳动强度，又大大提高了供电可靠性。

1983年胡永钦正式成为了一名农电工。那时整个中国的农电事业正处于起步阶段，人手少，资料、设施不齐，收电费都是手工开票，统计烦琐，工作量大，而且非常容易出错，管理手段落后是所有从事农电工作的人所要面对的现实。面对着现实，胡永钦决心改变这一切。

于是在1988年，胡永钦自掏腰包买了许多电力专业的书籍，还用结婚礼金，向亲戚朋友借了4000元，买了一台二手电脑，开始研究了起来。天道酬勤，经过3个月的刻苦钻研，胡永钦终于开发了一个新软件《电量电费管理系统》，这一系统不仅规范了电费开票工作，而且简单易操作，不容易出错，给工人的工作带来了极大的便利。这一发明使当时还依靠钢笔手写电费发票的时代向前迈了一大步。

为了使工人们的工作做起来更加简单轻松、有章可循，胡永钦又开发出《工资核算管理系统》《农电财务核算软件》，简化了复杂的财务核算工作，给财务人员的工作带来了极大的便利。1999年，胡永钦又相继开发出《银电联网收费系统》和《供电所综合管理软件》，2000年为配合农村电网改造工程，又开发了《农网改造预（决）算软件》。2002年，胡永钦又研发出《配电运行远程监控系统》，使得以前需要一个班组花上好几天出去巡视、检查的现状，变成了只要一名员工坐在电脑前进行监控就能完成的工作。

2007 年 5 月 25 日，经湖南省电力公司研究决定，胡永钦从农电工的身份转为正式电力员工，这在湖南省电力史上尚属首例，在整个电力行业也为数不多。

在工作与家庭之间，胡永钦把重心倒向了工作；在客户与家人之间，他把绝大部分时间留给了客户。在工作中承担了更多的责任，也为胡永钦带来了更多的成就和荣誉，也使他的职业生涯上了新台阶。

【精神榜样】

胡永钦通过承担更多的责任，使他的事业生涯越走越宽。美国前总统伍德罗·威尔逊说："责任感与机遇成正比。"不管在哪儿，不要怕多承担责任。如果有人让你多做些事情，给你一些责任重大的工作，那是你的幸运，因为他们信任你。责任是一个人思想境界和道德品质的核心体现。爱默生说过："责任具有至高无上的价值，它是一种伟大的品格，在所有价值中处于最高位置。"

义务维修工范进卯

【模范人生】

　　范进卯，北京液化石油气公司赵公口供应站的维修工。1989 年 4 月，天桥地区成立了一个邻里互助协会，范进卯被 5 万多居民选为协会理事。在协会成立大会上，范进卯保证：随叫随到，不要报酬，不吃饭。保证我所在的居委会不发生液化气火灾事故。20 年来，他为广大用户义务修灶 8000 余台，义务修理、安装热水器上千台。

　　有一次，范进卯云帮一家住户修理液化气具，客户家的液化气具是一台从日本带回来的热水器，他仔细端详了半天也没敢下手修。因为他之前没见过这种高科技的热水器，这次经历范进卯觉得很对不住客户。为了能够弄清楚这种新型的热水器的内在构造，他回家哄着妻子买了一个热水器，妻子和女儿一听都挺高兴地同意了。没想到，范进卯趁妻子不在家时，把一台新热水器大拆大卸，再组装起来。没想到装好一试，火苗从观察口往外喷，连里面的烫锡都烧化了，好好的热水器烧得一塌糊涂。对于并不富裕的家庭来说，几百元的热水器就是家里的宝贝，妻子看见好好的热水器被烧得一塌糊涂，也忍不住发火了。范进卯就是靠着这种为住户认真负责的态度，从自己的岗位上一步步走过来的。

　　1999 年，范进卯成立了范进卯服务中心，开始时也是义务维修，后来实在是困难就也开始收费了。范进卯说："收费实在是张不开嘴啊，有时候好不容易张开嘴了，人家会说'范进卯你不学雷锋了'。"经历了这样艰难的观念转变，范进卯的服务中心的用户越来越多，在市场经济大潮下，范进卯靠的是强烈的责任心和良好的信誉。

凡是认识范进卯的人，不管职务高低、年龄大小，都会叫他一声"范大哥"。这一声"范大哥"包含了邻里大家对范进卯的肯定。这也是用户对范进卯最好的回报。范进卯常说，凭手艺为乡亲解决问题，是一种享受。市场经济条件下，做好事为人民服务，路会越走越宽。

【精神榜样】

责任是一个人工作态度和精神状态的直接体现。有责任的人会顾全大局、注重细节、端正态度、用心做事，时刻保持良好、高涨和激昂的精神状态；有责任的人会明确职责，把握方向，克服困难，只为问题找方法，不为问题找借口；有责任的人会有强烈的使命感和危机感，倍感肩负的重任和压力，有着强烈的想干事的激情和冲动，有着坚定的干成一番事业的信心和决心。

苦学实干的工人标兵

【模范人生】

李黄玺，一汽集团铸造有限公司铸造二厂原造型车间电钳一体化高级工人技师。1980年，初进工厂时，李黄玺就下定决心一定要掌握现代先进技术。走上工作岗位之后，通过自己的刻苦努力，他不仅迅速掌握了现代先进技术，还积极地进行技术创新。

1991年，就在二铸厂马上要举行全部生产线开工的剪彩仪式时，2号线突然出现主机与精密带不同步的故障。经反复核对指令，也查不出原因，二铸厂只好咨询这条线的国外供货厂家。电传发到这家公司的香港代理处，再由香港代理处传到外国公司总部，由外国公司总部遥控指挥，不断发来电传指令。3天过去了，在这条特殊的跨国热线上，电传指令发来了十几个，但故障仍然没有排除。李黄玺急了，他将成捆的图纸用自行车驮回家。对着计算机，他一个一个排除疑点，连续干了3个晚上。到第四天夜里，李黄玺找到了故障原因。第二天一大早李黄玺就赶到厂里，他按照自己的指令操作迅速地排除了故障，而此时外国公司还忙于传来指令，外国专家们都颇为惊异，对于李黄玺的技术大加赞赏。

李黄玺所在的工厂是亚洲最大的具有国际先进水平的铸造厂之一。这里有丹麦的造型线、德国的机械手、西班牙的制芯机、美国的砂处理系统、日本的冲天炉控制系统。李黄玺通过刻苦钻研，对这些设备进行大胆改造，使这些设备更加先进，更加适合中国国情。有一条价值4000万元的造型线，其驱动部分采用的是当时世界上最先进的技术，这套资料掌握在项目合作厂家的技术人员手中。李黄玺想尽办法，终

于一点一点地把资料弄到了手。他把外文资料带回家,自费买来翻译软件开始翻译。李黄玺用了几个月时间,翻译了十几万字的资料,为自己的技术创新提供了有力的参考依据。

1991年以来,李黄玺运用学到的技能,先后攻克了63项技术难关,成功地改造了4条具有国际先进水平的造型线,有9项技术成果荣获国家专利,为企业创造数千万元的经济效益。

【精神榜样】

责任,就是分内应做的事。哲学大师萨特认为,人的责任在任何情况下都是绝对的,"不管我做什么,我一刻也不能把自身从这种责任中撕开。因为我对逃避责任的欲望本身也负有责任"。在人类道德范畴中,"责任"与"公平""公德"等一起构成了道德品质的要素。在责任面前人人平等,人生价值大小的衡量标准,就在于承担责任的水平。

从普通工人到技能大师

【模范人生】

袁政海，江西省江铃集团模具厂模具班班长。袁政海1990年进入江铃模具班组工作，在工作中一直尽职尽责，用自己的行动诠释着责任的内涵。1994年，江铃集团为了培养自主开发制造超大型模具的能力，决心自制 TFR 大型纵梁复合模。袁政海承担模具的气动翻转、自动卸料的装配和调整任务。当初设计只有示意性简图，制造难度相当大。但袁政海凭着过硬的本领，在研究大量国外引进模具结构的基础上，将各种管线与气动元件巧妙地布置在模具内，并使之翻转灵活，而且对模具部分结构、零件进行了修改，使其性能更加完善。此项目获江铃汽车集团公司技术进步一等奖。

责任感强烈的袁政海，开发出了全顺车下摆臂模具，此技术英国公司花费了3个时间而袁政海仅用了一年半就将其成功拿下了。这一次创新直接为江铃节约成本435万元。身负责任的袁政海不仅一次次用自己的创新为企业带来巨大效益，还不断地提升了自我的创新能力。

将近20年来，袁政海参与公司的技术改进项目达40多项，为公司节约资金近500万元。袁政海还创造出了3个"全国之最"：27岁，成为全国最年轻的高级技师、最年轻的全国技术能手；30岁，成为中华技能大奖最年轻的获奖选手。

袁政海还带出来一个优秀的班组，这个班组共有48人次获得全国技术能手，省、市劳动模范，五一劳动奖章，青年岗位能手等荣誉；10名高级技师，比例之高全国少见；2名技师，16人持有4项以上技能的上岗证。106项技术攻关、技术改进项目获奖，技术革新项目170

多项，创直接经济效益 1300 多万元。

【精神榜样】

"天下大事必作于细。"每个人的工作，都是由一件件小事构成的，但我们不能因此而对工作中的小事敷衍应付或轻视责任。要以高度的责任感对待自己的工作，把每一件小事做好，树立对事业追求的标杆，用自己的特长和学到的理论指导工作实践，去实现自己的人生价值。

生死关头唱响生命强音

【模范人生】

　　文花枝出生在韶山大坪乡一个普通的农民家庭，有姐弟三人，母亲长年患病，一家五口靠父母种田为生，生活极为艰难。然而，懂事的文花枝从小就养成了勤劳、负责、坚强的性格。姐姐文花枝是家中"老大"，要承担大部分家务。她说："我是姐姐，理应照顾好全家。"上小学时，当众人还在睡梦中时，姐姐文花枝在清晨5时许便起床为弟弟妹妹做早饭。文花枝的成绩在班上一直名列前茅，还担任了班内的课代表、学习组长，每年都获得三好学生、优秀班干部的称号。

　　然而，这个要照顾全家的姑娘因为家贫而不得不放弃上高中、读大学的机会，匆匆读了两年中专后，就参加了工作。17岁的文花枝孤身跑到浙江义乌，在酒店当服务员。当时进入酒店要交押金，文花枝没有钱，但也没有向家里提过，后来家里知道后，东拼西借把钱凑齐了给她寄过去，结果被她打回来，再寄过去还是被打回来。她当时就说："爸、妈，你们不用操心，我能解决，家里不要再向人家借钱了。"后来家人才得知，花枝头两个月的工资只有318元，每月要扣掉300元作押金，剩下的18元就是一个月的所有收入了。除了酒店安排的免费中餐外，花枝每天都只吃一个糯米团子维持体力。

　　文花枝将大部分工资寄回家供弟妹读书。"当我晓得姐姐省吃俭用供我读书，而我的成绩并不太好时，我后悔得哭了。"文罗读高一时比较贪玩，成绩不太理想，当时3年未返家的文花枝回来看到弟弟的成绩单时，失望地流下眼泪。看到痛哭不已的姐姐，文罗也哭了："姐姐，我错了，你不要哭了！"从此，文罗发奋读书，严格要求自己，终于考上了湖南农业大学,替姐姐文花枝圆了大学梦。

2005年8月28日下午2时35分许,文花枝所带团队乘坐旅游大巴在陕西延安洛川境内与一辆拉煤的货车相撞。这是一次重大交通事故,夺走6条生命,还造成14人重伤8人轻伤。当可怕的瞬间过去,坐在前排的文花枝清醒过来时,发现司机和自己同坐前排的西安本地导游已经罹难。她自己左腿胫骨断裂,骨头外露,腰部以下部位被卡在座位里不能动弹。营救人员迅速赶来,当他们想将坐在前排的文花枝先抢救出来时,她却平静地说:"我是导游,后面都是我的游客,请你们先救游客。"

车祸中的幸存者、湘潭电化集团的万众一回忆说:"由于汽车碰撞得十分严重,每次救援一个游客都需要很长的时间。在等待救援的时候,文花枝自己忍着痛苦不断给我们鼓气,让我们不要睡过去、要挺住。小文还说,我们一定要坚持,一定要活着回去。很奇怪一个弱女子怎么还有那么大的气力给大家喊话。如果不是小文不断鼓劲,自己一口气接不上来可能也就完了。"

事实上,文花枝当时被卡在前排,数次昏迷。不断给游客打气的她是最后一个被营救的伤员,当时已是下午4点多了。由于腿上的伤势严重,左腿9处骨折,右腿大腿骨折,髋骨3处骨折,右胸第4、第5、第6、第7根肋骨骨折,伤口已经严重感染。为了避免伤势进一步恶化,医院专家小组决定立即为她做左大腿截肢手术,一位年轻的姑娘就这样失去了自己的一条腿。主治医生惋惜地说:"太可惜了,若早点做清创处理,不耽误宝贵的抢救时间,她这条腿是能够保住的。"

文花枝左腿从膝盖下被截掉,文花枝的父亲号啕大哭。女儿清醒过来后,父亲忍不住问她:"你怎么那么傻啊,别人要先救你,你还推开,让他们救别人啊?"花枝想都没想就回了父亲一个笑脸,说:"爸,你以为只有你的女儿是宝贝呀,别人家的也是宝贝啊!何况我是导游!"人们问她后不后悔,文花枝平静地笑着说:"一个人只有当该做的事情没有做,才会后悔;而我做了我该做的,所以我不后悔。"

文花枝的事迹感动了神州大地。面对无数的鲜花,这个朴实的女孩平静地笑着说:"与其说我感动了中国,不如说中国感动了我。我是一个平凡而又普通的女孩，我只是尽了我该尽的义务和责任，做了我该做的事。而祖国给了我太多太多的荣誉，这让我感动，也让我不安。"文花枝后来到湘潭大学管理学院上学，她希望通过大学4年旅游专业知识的学习，能重新回到旅游行业中，做更多她该做的事情，报效祖国和社会。我们相信这个感动了全中国的女孩在未来会给我们带来更多的感动。

【精神榜样】

一名年轻的导游员在平凡的岗位上作出了伟大的壮举，表现了崇高的思想品德，谱写了完美的人生乐章。在生死攸关的危急时刻，她呼出"我是导游，先救游客"的强音，表现了高尚的职业情操，其精神是伟大的。文花枝不怕牺牲的忘我境界，忠于职守的责任意识，先人后己的崇高思想，乐观向上的人生态度，是每个人都应该学习的。无论在什么岗位上，只要抱有奉献之心，每个人都能做到优秀。

"两弹"是他的勋章

【模范人生】

邓稼先，1924年出生于安徽省怀宁县一个书香门第之家。翌年，他随母亲到北京，在担任清华、北大哲学教授的父亲身边长大。他5岁入小学，在父亲的指点下打下了很好的中西文化基础。他从青少年时就有了科技强国的夙愿，将个人的事业与民族的兴亡紧密相连。七七事变后，全家滞留北京，他秘密参加抗日聚会。在父亲的安排下，16岁的邓稼先随大姐去了大后方，在四川江津读完高中，并于1941年考入西南联合大学物理系，受业于王竹溪、郑华炽等著名教授。

1945年抗战胜利时，邓稼先从西南联大毕业，在昆明参加了共产党的外围组织"民青"，投身于争取民主、反对国民党卖国独裁的斗争。抱着学更多的本领以建设新中国之志，他于1947年通过了赴美研究生考试，于翌年秋进入美国印第安纳州的普渡大学研究生院。由于他学习成绩突出，不足两年便读满学分，并通过博士论文答辩。此时他只有26岁，人称"娃娃博士"。

1950年8月，邓稼先在美国获得博士学位后，谢绝了恩师和同校好友的挽留，毅然决定回国。同年10月，邓稼先来到中国科学院近代物理研究所任研究员。在北京外事部门的招待会上，有人问他带了什么回来。他说："带了几双眼下中国还不能生产的尼龙袜子送给父亲，还带了一脑袋关于原子核的知识。"1954年，他加入了中国共产党。随后几年间，他进行了中国原子核理论的研究。

1958年秋，二机部副部长钱三强找到邓稼先，说"国家要放一个'大炮仗'"，问他是否愿意参加这项必须严格保密的工作。邓稼先义无反顾地同意了，回家对妻子只说自己"要调动工作"，不能再照顾家和孩子，通信也困难。从此，邓稼先的名字便在刊物和对外联络中消失，他的身影只出现在严格警卫的深院和大漠戈壁。

邓稼先去世后，邓稼先的夫人许鹿希与钱三强通电话时，曾问及当时为何选邓稼先去研制原子弹。钱三强说，当时有如下几点考虑："此人要专业对口，核物理专业，有相当的专业水平和科研能力，但名气又不能太大，以便和苏联专家相处；曾出国留学，了解海外情况，会与洋人打交道，懂英文，也要懂俄文；政治条件好，觉悟高，组织纪律性强。"就这样，邓稼先成为最合适的人选。

1959 年 6 月，苏联政府中止了原有协议，中共中央下决心自己动手，搞出原子弹、氢弹和人造卫星。邓稼先担任了原子弹的理论设计负责人。1964 年 10 月，中国成功爆炸的第一颗原子弹，就是由他最后签字确定了设计方案。随后他又同于敏等人投入对氢弹的研究。按照"邓—于方案"，最后终于制成了氢弹，并于原子弹爆炸后的两年零 8 个月试验成功。这同法国用 8 年、美国用 7 年、苏联用 4 年的时间相比，创造了世界上最快的速度。

邓稼先虽长期担任核试验的领导工作，却本着对工作极端负责任的精神，在最关键、最危险的时候出现在第一线。例如，核武器插雷管、铀球加工等生死系于一发的险要时刻，他都站在操作人员身边，既加强了管理，又给作业者以极大的鼓励。

一次，航投试验时出现降落伞事故，原子弹坠地被摔裂。邓稼先深知危险，却一个人抢上前去把摔裂的原子弹碎片拿到手里仔细检验。身为医学教授的妻子知道他"抱"了摔裂的原子弹，在邓稼先回北京时强拉他去检查。结果发现在他的小便中带有放射性物质，肝脏受损，骨髓里也侵入了放射物。随后，邓稼先仍坚持回核试验基地。在步履维艰之时，他坚持要自己去装雷管，并首次以院长的权威向周围的人下命令："你们还年轻，你们不能去！"

1985 年，邓稼先最后离开罗布泊回到北京，仍想参加会议。医生强迫他住院并通知他已患有癌症。他无力地倒在病床上，面对妻子以及国防部部长张爱萍的安慰，平静地说："我知道这一天会来的，但没想到它来得这样快。"中央尽了一切力量,却无法挽救他的生命。

在邓稼先去世前不久,组织上为他个人配备了一辆专车。他只是在家人的搀扶下,坐进去转了一小圈,表示已经享受了国家所给的待遇。在他去世 13 年后,1999 年国庆 50 周年前夕,党中央、国务院和中央军委又向邓稼先追授了金质的"两弹一星功勋奖章"。

【精神榜样】

邓稼先把一切献给科学、献给祖国,不计个人名利,鞠躬尽瘁、死而后已。他是一个"大写的人",他高度的民族责任感和他对我国科学事业作出的巨大贡献,以及为科学献身的伟大精神、卓越的创造才能、质朴淳厚的人格魅力等,无不放射出灼灼光华。他的精神永远值得我们每一个人敬仰和追随。

用生命追逐新闻

【模范人生】

甘远志刚从中国（海南）改革发展研究院调入《海南日报》时，报社把他安排在理论评论部工作，他却想下基层锻炼。于是，他主动请战到了省定贫困地区的东方市驻站。《海南日报》驻东方记者站那时条件很差，一没电脑，二没交通工具，他却没有一丝怨言。乘摩托车跑厂矿，坐农用车下农村，累了就在椰子树底下歇歇，饿了就在小店吃碗汤粉。他写的见诸报端的报道既多又好，让报社同事都感到佩服。

2002年后，被报社"拽"回经济部工作的甘远志，还是"本性难移"，喜欢成天在外跑着。他常对同事说："新闻，是跑出来的。"物价，以前是报道空白，甘远志跑出了源源不断的新闻；交通，以前少有报道，甘远志跑出一篇篇稿子；药品，以前很少涉足，甘远志将其跑成了"富矿"；电力，以前少有问津，甘远志把它跑成了热门。透过他的报道，读者知道了粤海铁路开通、金海浆纸厂复工、南海油气发现、海南融入泛珠三角。

甘远志最常说的一句话就是："不下去跑，怎么出新闻？"在他去世后，同事们整理他在《海南日报》工作3年时间里发表的全部新闻作品，竟然多达1051篇，几乎是每天一篇。他所报道的新闻是用生命跑出来的。甘远志倒在追逐新闻的路上，临终前他对同事说的最后一句话是"我在东方采访"。

甘远志有很多绰号。2003年3月初，海南首列瓜菜列车进西安，甘远志随车采访写了7篇《跟车手记》，篇篇动人。其中《泪别267号车组》一稿记下了他与车组人员同甘共苦、互称"师傅"的深厚情谊，

"甘师傅"的绰号由此而来。与甘远志同车采访的《海南日报》摄影记者古月追忆："当时与车组师傅道别已是下午2时30分，远志顾不上吃饭，一个多小时后成稿，他念给我听，哭了。"

报社的同事最喜欢喊他甘头条，这个称谓饱含着大家对他的敬佩。海南日报社总编室的同示说，平常缺头条时，有特殊报道时，第一个想到的就是甘远志。一个电话打给他，总不会让你失望。2004年1月至8月的200多天，甘远志采写了34个头版头条。在他去世前的两个月，他刊发在一版头条的稿件就达16篇，占了全报社记者一版头条稿件的1/3。

在同事眼里，甘远志储存的东西很多。甘远志有着深厚的理论基础，早在新世纪周刊工作期间，他就已经发表了100多篇有影响的报道，《让国人了解WTO》《让农民拥有土地使用权》《就业城乡大对流》《中国首次关闭一家银行》等，被中国人民大学资料汇编收集，在经济学界引起广泛关注。

因为他有丰厚的文化底蕴，有一双能发现新闻的慧眼，同事们评价甘远志已迈入"厚积薄发"的境界。以前报道空白的领域，他能挖出源源不断的新闻；以前少有问津的部门，他却能跑成热门；枯燥难采访的题材，别的记者不愿意跑的部门，能够成为他报道中最活跃的领域。在《海南日报》期间，甘远志所采写的1051篇报道中，其中被报社编委会评定为好稿的有162篇。

当记者，就要为老百姓说话，这是甘远志很看重的一条原则。他说，党报记者应该是党与人民之间的桥梁。东方市检察院的一位干部垄断当地石料运输市场，甘远志得知这件事后，向市委书记作了反映，该市派出专门调查组进行查处；私采泛滥时，他不顾个人安危，深入虎穴，大胆揭开了"保护伞"的秘密；当农机服务收费、中小学收费和农村供电收费乱现象初显的时候，他以敏锐的洞察力，及时敲响了警钟。

甘远志为人正派，清正廉洁。海南某公司副总经理回忆说："甘远志常挤公共汽车来采访，我叫他'打的'，说给他报销，他一笑了之；我说借他辆旧车开，他说不能给企业添麻烦；我说可以给他报误餐费，他说自己工资收入够开支。"很多被报道的对象都成了甘远志的朋友，但要想邀请到他一起吃饭依然很难，他总推说要赶稿子。甘远志是家里的顶梁柱，上有父母，下有妻儿，每月所挣的钱要向4个地方寄，负担可想而知。但他常说："吃人家嘴软，拿人家手短。要是与采访对象扯不清楚，新闻也就丧失了独立性和权威性。"

【精神榜样】

甘远志始终以一个新闻人的姿态奔波在路上。他用一个新闻工作者的良知、责任和精神，为这个行业树起了一面旗帜。他成为新闻工作者学习的榜样。他"用生命书写新闻"的人生信念和高尚的职业风范一直在激励着千千万万的新闻工作者，他们把对甘远志的深切怀念化为爱岗敬业的动力，争当甘远志式的记者，在平凡的工作岗位上作出不平凡的业绩。

刘英俊拦马救儿童

【模范人生】

1962 年 8 月，刘英俊应征入伍，来到佳木斯，成为驻佳木斯某部重炮连的战士。1963 年，刘英俊参军的第二年，正值毛泽东等老一辈无产阶级革命家发出"向雷锋同志学习"的伟大号召。刘英俊时时处处以雷锋为榜样，决心做一名雷锋式的好战士。

刘英俊学习雷锋最大的特点就是言行一致，从点滴做起，从身边做起。在连队，他是业余修理员；在医院住院，他是劳动休养员，帮助重病号打水、端饭，协助医护人员打扫、洗刷痰盂；出差途中，他是义务勤务员，扶老携幼，急人所难，好事做一路；在部队驻地，他是附近小学校的校外辅导员，经常给小朋友们上政治课，还用自己的津贴费给学校买了许多宣传革命英雄人物的书籍。

刘英俊像雷锋那样闲不住，有空就为群众做好事。一次，连队驻在农村搞生产，他发现村里有一户年老体弱、生活困难的老夫妇，便在生产之余，每天为老人家挑水、劈柴、整理卫生，临走前还起早贪黑为老人家挖了个大菜窖。他也像雷锋那样，做好事不留姓名，经常在佳木斯市西区帮助这家买粮、帮助那家挑水，可群众始终不知道他叫什么名字。

1966 年 3 月 15 日早晨，他和战友们驾着 3 辆马拉炮车外出训练，在佳木斯公共汽车站附近，他驾的炮车辕马被汽车喇叭声所惊，突然向人群冲去，这时有 6 个儿童吓呆了，孩子们的生命受到严重威胁。在这千钧一发的时刻，他把缰绳在胳膊上缠了几道，猛力一拉，使惊马前蹄腾空而起。紧接着，他不顾自己的安危，手撑辕杆，从辕杆下面用双脚猛踩马的后腿，马突然倒下，车翻了，6 名儿童安然脱险。他却被压在翻倒的车马底下，身负重伤。

目睹这场舍己救人英雄行为的群众一拥而上，急忙将他救起，把他抬送到附近的职工医院抢救。这时，许多候车的乘客、上班的工人、上学的学生都被他的英雄行为所感动，关心地紧跟在后面。几百名群众和战士纷纷要求为他献血。由于伤势过重，抢救无效，他光荣牺牲。

刘英俊所在部队党委追认他为中国共产党党员，追记一等功一次。1966 年 7 月 14 日，中国人民解放军总政治部发出向他学习的通知。同年 7 月 28 日，《人民日报》发表题为《人民的好儿子》的社论，把学习活动推向全国。为了永久纪念，吉林省将其家乡改名为"长春市二道河子区英俊乡"。英雄的牺牲地佳木斯市为纪念人民的好儿子刘英俊烈士牺牲 30 周年，1996 年 3 月，共青团佳木斯市委倡议，在烈士牺牲地建立爱国主义教育基地，为刘英俊重塑雕像。

佳木斯市第十小学是刘英俊曾经做校外辅导员的学校，1967 年由永安小学更名为英俊小学，1980 年又改称第十小学。无论这所学校叫什么名字，学习英雄的氛围从来没有改变。每一年的 3 月 15 日，这所学校都要开展大型纪念活动，这所学校的每个学生手里都有一本《生命之光》的德育课本，重点回顾刘英俊的英雄事迹及其精神传承。在佳木斯市，以刘英俊名字冠名的还有很多，比如英俊社区、英俊派出所、英俊街。英雄的名字早已深入人心，英雄的事迹感召着每一个人。

【精神榜样】

刘英俊早已在佳木斯这座城市打下了牢牢的印记，也为一个时代书写了辉煌的注解，无论时空怎么变换，英雄刘英俊始终以其光彩照人的形象屹立在人们的心中，屹立在民族精神的经典教科书中。英雄的名字时刻叩击着我们的心魄，让我们去思考：怎样做人，怎样做一个有高尚思想境界的人，怎样做一个被人尊重和敬仰的人。当我们去仰视他的时候，就会豁然明白生命的真正意义。

"一团火"的服务精神

【模范人生】

　　张秉贵 1918 年出生于北京，11 岁便到纺织厂当了童工，17 岁到北京德昌厚食品杂货店当学徒。旧社会的苦难经历让张秉贵不堪回首。20 世纪 50 年代初，新中国百废待兴，即将开业的北京百货大楼招聘营业员。当时规定只招 25 岁以下的年轻人，36 岁的张秉贵因有多年的经商经验而被破格录取。

　　北京百货大楼当时是全国最大的商业中心，客流量大，加之物资相对匮乏，顾客通常要排长队。张秉贵开动脑筋，发明了"接一问二联系三"的工作方法，即在接待一个顾客时，便问第二个顾客买什么，同时和第三个顾客打好招呼，做好准备；将每次售货分解为 6 个环节，即问、拿、称、包、算、收，在每个环节上挖潜力，练就了"一抓准"和"一口清"的过硬本领。

　　所谓"一抓准"，就是指张秉贵一把就能抓准分量，顾客要半斤，他一手便能抓出 5 两；"一口清"则是非常神奇的算账速度。遇到顾客分斤分两买几种甚至一二十种糖果，他也能一边称糖一边心算，经常是顾客要买多少的话音刚落，他就同时报出了应付的钱数。有了这些过硬本领，他接待一个顾客的时间从三四分钟减为一分钟。

　　为了精通商品知识，每逢公休日别人在家休息的时候，张秉贵却蹬起自行车，来到工厂、医院和研究单位，仔细了解糖果知识。由于熟悉各种糖果的特点，张秉贵甚至可以针对一些特殊的顾客推荐商品：对于消化不良的顾客，他介绍柠檬糖或咖啡糖；对于肝病患者则介绍水果糖；对于嗓子不好的顾客，他便建议买薄荷糖……他用自己心中的"一团火",温暖着每一位顾客的心。

冰心老人曾和他面对面交谈。冰心老人问他过硬的本领是怎么练成的,他回答说,只要用心就能练成。多么朴素的道理啊!他始终心中装着顾客,心中想着顾客,在宽敞明亮的柜台前为顾客服务,他感到无比光荣。他真正地在用心服务,所以,他比别人热情更高,服务的本领更强。

为确保服务质量,他还为自己定下坚持热情服务的3条守则,即进入柜台就是进入战斗岗位,必须全神贯注,眼、耳、口、手、脚、脑这6部"机器"同时开动,任何原因都不得懈怠;不把个人的麻烦事和不愉快的情绪带入柜台;以热对冷,化冷为热。商业服务业的简单操作被他升华为艺术境界。在北京,传统的"燕京八景"名扬天下,而他的售货艺术被人们誉为"燕京第九景"。

看张秉贵工作,成了许多人的一种享受。有一位拄着拐杖的老人经常来欣赏他售货。这位老人说:"我是个病人,每天来看看您站柜台的精神劲儿,为人民服务的热情劲儿,我的病也仿佛好了许多。"一位音乐家看他售货后说:"你的动作优美,富有节奏感,如果配上音乐,是非常动人的旋律。"随着张秉贵名声的提高,来买他东西的顾客也越来越多。为了看他的表演,热情的顾客曾经将百货大楼的玻璃柜台挤碎。

热情为人民服务的他非常受人尊敬,他坐公共汽车有人让座,去洗澡时有人愿给他搓背。1987年患癌症病重住院期间,探望的人络绎不绝,有党和国家领导人,也有教授、专家,更多的是热爱他的顾客。一位看过他售货的国际友人曾经感慨地说:"这种场面,在国外只有名声好的政治家和红得发紫的影视明星才能遇到,而中国的一名普通售货员能享此殊荣,真了不起!"

2000年,北京王府井百货大楼曾推出了一种"张秉贵糖",被放在了糖果柜台最抢眼的位置。花花绿绿的糖纸上,印着张秉贵的头像。据悉,这种糖果在正式上柜的第一天,曾创下40多公斤的销售纪录。这足以证明在一些老顾客心目中,始终有着一份挥之不去的"张秉贵情结"。

【精神榜样】

爱岗才能干好工作。张秉贵说:"在我们社会主义祖国,只有低人一等的思想,绝没有低人一等的工作。"这是何等崇高的思想境界!只要能够像他那样将为人民服务当作自己最大的光荣,将干好工作当作自己的终生追求,在实践中学习,在学习中实践,不断提升职业责任感,不断追求精益求精,任何人都能在任何岗位上取得成功。正如张秉贵所说:只要用心,任何本领都能练成。

天梯上的学校

【模范人生】

甘洛县乌史大桥乡二坪村，是凉山北部峡谷绝壁上的彝寨，村民上下绝壁都要攀爬5架木制的云梯，进出极为艰难，村民一年难得下绝壁一次。就是在如此艰险的环境下，从汉族地区来的李桂林、陆建芬夫妻扎根这里18年，把知识的种子播种在彝寨，为村民走出彝寨架起了"云梯"。

他俩并不是二坪村人，而是二坪村对岸的雅安市汉源县乌斯河镇人。1990年秋李桂林受聘到二坪当代课教师。1991年9月，学校物色代课教师，结果无人愿意上二坪，无奈，李桂林只好动员高中毕业的妻子陆建芬，夫妻双双走了很远的路，爬过5道悬崖上的木梯，才到二坪去做"窝"。

那时他与妻子陆建芬的大儿子才1岁。悬崖上的家不像家，他们一家3口挤在村民家中的一张小床上。在那里住了半年，他们才搬到了学校。因为两人都是代课教师，当初他们两人只有两百多元的收入，经济极其拮据。他们靠自己种菜、养鸡喂猪来解决生活难题。

有些学生住在悬崖下的山腰上，要爬5道极其危险的天梯上学。他们星期一爬山来到学校，星期五再下山，都靠李桂林夫妇接送。通往"悬崖小学"的天梯，总共40多米，遇到雨雪天，踩不稳就有可能滑下山崖。就是在这样极度危险、恶劣的环境下，二坪村小学从没有发生过一起安全事故。

大恩不言谢。"把孩子交给你们，我们一万个放心！""要不是你们夫妻，孩子们一定成了睁眼瞎。""你们是二坪人民的顶梁柱，是孩子们的希望。二坪少不了你们。"一句句朴实的话语，道出了二坪村人的心声。村民们的感谢和肯定使李桂林夫妇觉得付出再多都不为多。

但是，在他们内心深处掩埋着一个深深的遗憾。因为教学任务重，他们没有时间照看儿子和老人，觉得对不住儿子和老人。在汉源县中学上学的大儿子埋怨："爸爸妈妈，初中3年你们没有看过我一次。"

1999年10月，修学校的工程开工后，两人一边做好教学工作，同时也参与到建设中，早晚和双休日还要参加义务劳动，村民背沙背水泥时，两人要过秤记账。他们的汗水没有白流，2009年的新学期开始时，木头梯子修成了结实的铁梯，还装上了钢筋护栏，社会捐资100万余元扩建了新校舍，二坪终于有了一所像样的小学。

1996年6月，二坪村小学第一届学生毕业，成绩优异，在全县同类学校中名列前茅。这年李桂林被甘洛县委、县政府评为优秀教师。二坪这个过去的文盲村、穷山村变成了文化村。这其中的巨变是与这两位老师付出的心血分不开的。他们为偏远山区的教育事业撑起了一片蓝天。2007年，李桂林被授予全国模范教师的荣誉称号。

【精神榜样】

李桂林、陆建芬夫妇在平凡的岗位和艰苦的环境下，默默奉献、教书育人、坚守岗位、呕心沥血，平凡中展现出的精神力量令人荡气回肠，不仅感动了中国，更是成为所有人学习的好榜样。他们的事迹诠释了什么叫奉献，他们的精神鼓舞和激励每一个人。他们用艰苦卓绝的行动和20年如一日的执着，深刻地诠释了教师这个职业的责任感和高尚的人格。他们永远值得我们尊敬。

第三章

高尚、伟大的代价就是责任

雪域高原上的生命使者

【模范人生】

1976年李素芝从上海第二军医大学毕业，留在上海市长海医院工作。然而，半年后，他毅然放弃大上海优越的工作、生活条件，主动申请支援西藏边防。面对喜马拉雅山，他写下高原人生誓言："医生是维护生命的使者，我一定要把生命的价值书写在生命的禁区里。"从此，他把人生中从22岁到50岁这黄金般的28年时光献给了西藏。

进藏28年来，李素芝刻苦攻读医学理论，潜心钻研医疗技术，取得了丰硕的成果。为攻克高原先天性心脏病这一医学难题，他从1980年就开始进行大量的动物试验，经过20多年的不懈努力，于2000年年底成功实施了世界首例高海拔地区浅低温心脏不停跳心内直视手术，打破了国外医学专家"在海拔3500米以上无法开展心脏手术"的断言。他主刀各类手术9000余例，屡创世界医学奇迹。

1996年3月和2000年7月，中央军委先后任命他为西藏军区总医院院长、授予他专业技术少将军衔。记者问他，如果当时您留在上海，人生会怎样。他的回答很坦率："可能我也会成为一个专家，但是和其他的专家可能还会有很大的差距；我也可能会落伍。""西藏虽然艰苦，但是这个机遇对我来说太重要了。当时如果没有走出这一步，就不会有我今天的事业。"

李素芝说："在西藏，很多东西是花钱买不来的，民族的团结和稳定就是花钱买不来的。像色拉寺的住持，当时我们医院帮他治好了病，现在他们整个寺的僧侣都感谢我们，感谢共产党和金珠玛米（解放军）。"所以，他认为高原军医既要给群众看身病，更要给群众看心病。

医院驻地娘热乡21岁的小伙子旦增，是李素芝的忘年交。8年前，当患有胃穿孔的旦增来到医院时身无分文，他是个孤儿。李素芝一面在科室为他搞起了募捐，一面向医院申请减免了他1万多元的医疗费。康复后，李素芝又出资送他去学了驾驶技术，鼓励他走上致富之路。在他的全力帮助下，旦增搞起了个体运输，如今已成了村里脱贫致富的带头人。

山南地区扎囊县道班工人卓嘎患风湿性心脏病20多年，饱受病痛折磨。她每天都在心里祈求菩萨保佑自己，病情却越来越重。一天，李素芝带医疗队来这里巡诊，实在忍受不了病痛折磨的卓嘎瞒着父母从家里溜出来，半信半疑地做了体检。穿军装的医生说她得了风湿性心脏病，而且病得很重，必须马上手术。李素芝和同事们来到卓嘎家，苦口婆心地劝说卓嘎的父母，可卓嘎的父母就是不相信。

回到拉萨，想起卓嘎的病情，李素芝急得晚上睡不好觉。一周后，他又来到卓嘎家，好说歹说把卓嘎接到了拉萨。这时的卓嘎病情很严重，李素芝主刀为她动了手术，卓嘎的生命被李素芝从死神手里抢了回来。痊愈出院后，卓嘎的父母从此逢人就说："共产党'呀咕嘟'（藏语"好"）！"

李素芝领导下的西藏军区总医院数十载如一日，心系高原各族群众，殚精竭虑地保障人民群众的身体健康，为促进民族团结做出了突出贡献。医院先后13次被西藏自治区评为拥政爱民先进单位，3次荣获全国民族团结进步模范集体荣誉称号，院长李素芝被国务院授予全国民族团结进步模范个人。

李素芝的心里永远装着工作，永远装着藏民，参加工作这么多年，李素芝每回想起一个个患者从医院健健康康走出去，心里便会感到很舒坦。不过想到女儿、妻子，李素芝内心也充满了愧疚，他说："再等等吧，等我退休了，我一定好好陪陪她们，弥补弥补过去对她们的欠账。"

李素芝的女儿叫李楠，已是某医学院校的研究生。和他熟悉的人都知道，就是这个女儿，从来都没叫过李素芝一声"爸爸"，许多人为了让李楠叫声"爸爸"都尽了很大努力，然而李楠一直都没叫出口。

李素芝理解女儿。独自和姨妈在内地长大的她，和自己在一起的日子屈指可数，在她的心目中，爸爸只是个概念，她从未感受过来自爸爸的关怀，最多是电话里遥远而又生疏的声音。

李素芝的同事们说："对李素芝来说，事业永远是第一位的。只要他能动，他就一定还在为西藏高原的卫生事业作着贡献。所有人相信李素芝退休的那一天也就是他生命将息的那一天。"

【精神榜样】

李素芝同志让我们看到了一名高原军人全心全意为西藏各族人民服务、为基层官兵服务、为提高部队战斗力服务的精神；看到了一名外科专家顽强拼搏、勇攀医学高峰的情操；看到了一名优秀共产党员为党和人民的事业兢兢业业、尽职尽责的胸怀。李素芝同志的先进事迹是扎扎实实在高原奋斗28年树立的丰碑，他用实实在在的行动践行着党的"三个代表"重要思想，是我们学习的榜样。

"羌族雄鹰" 邱光华

【模范人生】

邱光华出生于四川省茂县一个羌族家庭，在他 17 岁那年，周恩来总理批示在全国招选首批少数民族飞行员，品学兼优的他被列到了花名册上。然而，家庭的贫困使得邱光华从小就身体单薄，体检时差了 5 公斤。但家乡的父老对这个孩子给予了厚望，他们将家里过年的储备粮都送到邱光华家里。几个月后，邱光华以良好的身体素质和文化成绩考入解放军第八航空飞行学校，成为羌族第一批飞上天的人。入伍后，邱光华勤学苦练，凡是有任务时都是主动请缨。

1985 年黑鹰直升机首次进藏执行飞行任务，邱光华主动要求参加。青藏高原地形复杂，是公认的飞行禁区和死亡航线。在两次世界大战中，很多国际王牌飞行员就丧身于此。可就是在这样的"飞行禁区"中，邱光华和战友却驾驶着战鹰在世界屋脊无垠的蓝天上翱翔，在银光闪闪的冰峰雪岭间盘旋，在沟壑纵横的峡谷里飞行……他经受住了冷、热强气流交织的重压和困扰，获得了该型号直升机在高原各种地理环境和气候条件下飞行的完整数据，一举填补了世界航空史上的空白。

凭着过硬的本领，邱光华成为全军 4 种气象指挥员、4 种气象教练员、特级飞行员，参与编写的《飞行大纲》用于指导全军陆航部队飞行训练，带出的 43 名飞行员都成为部队骨干飞行员；熟练掌握列装的 6 种机型的飞行技巧，参与高原试飞、军事演习，开创 10 项飞行纪录；先后 10 次成功处置各种险情，确保了国家财产和战友的生命安全。

在战友眼中，有着 5800 多小时飞行经历的邱光华是技术一流的飞行员。1999 年 10 月，当接到把遇险台胞接出贵州山区的命令后，是邱光华冒着细雨在没有航线的高原上开辟出了一条新航线，拯救出同胞的生命；在 2000 年的一次三军联合实兵实弹演习中，邱光华机组以高难度的战术动作震惊全场。就在他牺牲的前两天，在往茂县转运伤员的过程中，直升机突然出现险情：他几乎是在直升机接近单发停车的状态下，操纵飞行，安全着陆的。

邱光华的飞行经历并非是一帆风顺，也曾遇到过较大挫折。1987 年 5 月 27 日，一场暴风雪把西藏墨脱变成了绝地。这天，已经连续飞行 7 次的邱光华，建议再飞一次，把乡亲们急需的小型发电机运进去。没想到，就在邱光华驾着战鹰飞到海拔 4200 多米的多雄拉山口时，与一股强气流不期而遇。飞机迫降，邱光华身负重伤，3 根肋骨被折断。几乎所有人都认为邱光华从此不能再飞了。但一年半后，他奇迹般地再次通过了飞行员严格的体能考核。是雄鹰就会选择飞翔。邱光华再次飞行的第一个任务，仍然是墨脱。这一次，邱光华凭着精湛的技术和过人的胆识，圆满完成了任务。

2008 年汶川地震抗震救灾中，邱光华一直随着成都军区抗震救灾部队在执行救援任务。5 月 31 日，邱光华机长驾驶 92734 号飞机，在两次往汶川草坡乡、耿达乡运送药品和食物之后，下午 13 时，第三次起飞，执行运送 10 名医务人员到理县的任务。

在 17 天的救灾飞行中，他 50 多次飞翔在家乡的上空，旋翼下的每一处断垣残壁都是那么熟悉。茂县南兴镇，这是个羌族聚居的小镇，就是自己出生长大的地方。家里的两间房子已经倒塌，年近 80 的父母被安置在临时搭建的帐篷里。每一次从家乡上空飞过，想着受难的乡亲，他都会感到前所未有的紧迫感。参加抗震救灾以来，他飞行 63 架次，往灾区运送救灾物资 90 吨，抢运伤员 200 多人。

14 时 20 分，邱光华驾机返航。在经过汶川时，他与驾驶 92750 号飞机的藏族机长多么秀取得联系，双机目视跟进飞行。当飞至汶川银杏乡狭窄山谷时，天气突变，多么秀爬飞到 2600 米时，与邱光华失去了联系。6 月 10 日 10 时 55 分在执行任务航线附近深山峡谷密林中找到直升机残骸，机上人员全部遇难。雄鹰永远留在了蓝天。

【精神榜样】

　　邱光华英雄机组对党忠诚、为民牺牲的英勇行为，深刻诠释了解放军听党指挥、服务人民、英勇善战的优良传统，生动体现了人民军队的优良传统和当代革命军人的精神风貌，谱写了一曲热爱党、热爱祖国、热爱人民的革命英雄主义壮歌。他们舍生忘死、全力救援的英雄壮举，又一次展现了军队与人民血肉相连的鱼水之情。他们是全国抗震救灾部队的杰出代表，是人民子弟兵的光荣和骄傲。他们的丰功伟绩永远铭刻在汶川人民和全国人民的心中！

完美诠释师者情操

【模范人生】

1957 年 1 月 12 日，孟二冬出生于安徽蚌埠。他认真执着、心无旁骛的性格，从上小学时就开始显露出来。在泗县中学读书期间，孟二冬的勤奋好学、吃苦耐劳、淳朴厚道，给老师和同学们留下了深刻的印象。他学习成绩突出，品学兼优，对同学友善亲和，谦逊质朴，乐于帮助别人。无论是学习上的事还是日常生活上的事，他都是有求必应。

1978 年 3 月，21 岁的孟二冬顺利通过高考，成为宿州师范专科学校中文系的学生。他读书时表现出来的那种凝神聚气的"定力"，令同学们叹服。1980 年 2 月初，孟二冬以优异的成绩完成了专科学业后被择优留校，成为中文系的一名老师。系里先后安排他到安徽师范大学、北京大学进修两年。此后，10 余年中，他三进北大，走过了进修学习、攻读硕士学位和博士学位的求学历程。

1994 年，博士毕业后的孟二冬留在北大中文系任教。在北大教学期间，他依然保持并提升了当年宿州师专时的授课风格，备课缜密周详，课前静坐"过电影"，课后"回放"找得失。除了教材上的内容外，他还博览群书，大量查证资料，对每一个问题都力求做到详解。每个问题的来龙去脉、每个论点的论据都有翔实的文献资料作支撑。因此，他讲课能驾轻就熟，深入浅出，突出重点和难点。

孟老师每次上课都会早一点到，下课后也会晚一点走，希望与学生有更多的交流时间。课上课下，学生们看到的孟老师，是一位博学而又酷爱运动、儒雅而又专注学术、敬业而又热爱生活的老师和朋友。

孟二冬勤于治学。他的妻子回忆说："从结婚一直到最后，他只要在家，每天看的都是他的背影，每天下班回家开门就看见笔直地坐在那里，无论天气再冷，我都睡觉了，在被窝冷得缩着头，你伸出头他还是笔挺地坐在那里。"他先后出版了《中唐诗歌之开拓与新变》《〈登科记考〉补正》《陶渊明集译注》《韩孟派诗传》《中国诗学通论》等多部论著，获国家图书奖等多个奖项。

经过新疆生产建设兵团几十年的建设，石河子市变成了年轻的新城。但石河子大学的师资力量仍比较薄弱。2004 年 3 月 1 日，孟二冬受北大委派来到新疆石河子大学支教。为了多给学生们讲课，他主动要求增加课时，达到了正常工作量的 3 倍。除了给学生上课，他还为中文系教师们开设了"唐代科考"的选修课。

在到石河子大学的第二周，他就出现严重的嗓子暗哑症状，尽管每天打针、吃药，他仍坚持上课。随着声音越来越微弱，他不得不在课堂上用起麦克风。校领导和老师们多次劝他休息，但他都微笑着说："没关系，我还能坚持。"2004 年 4 月 26 日，他在剧烈的咳嗽中坚持讲完《唐代文学》最后一节课，倒在讲台上。经医院诊断，他已患食管恶性肿瘤。

回到北京治疗期间，他仍以顽强的毅力坦然面对病痛折磨，坚持课题研究和指导研究生的工作。

【精神榜样】

作为一名教师，孟二冬教授身上浸透着师者的博大、尊严与热情；作为一个病人，孟二冬教授是一位斗志昂扬的勇士，在他的生命遭遇到残酷的病魔时，仍然坚持在教学岗位上尽职尽责，人性的可贵与辉煌愈加迸发出耀眼的光芒；作为丈夫和父亲，他是不合格的，因为他把所有的精力都献给了他热爱的教育事业。在他的生命之河里，无论是风平浪静，还是急流险滩，他都永远保持着一份让人心仪的恢宏而又恬静之气，他用生命诠释了一名卓越的师者所具有的风范和情操。

纺织战线的一面旗帜

【模范人生】

赵梦桃 1936 年出生在河南洛阳的一个贫苦家庭。在她出生的早晨，父亲梦见桃花盛开，于是刚出生的女儿就有了"梦桃"这个名字。1951 年正在修建的西北国棉一厂招考培训工，身材瘦弱的赵梦桃报名参加考试，因为怕体重不够，她在身上藏了很多碎石破瓦。她进厂当细纱值车工，为了掌握技术，无论开会、参观还是休养，她的课本总不离身，她的两只手从不闲着，只要有时间就勤学苦练。

她一进车间就像上足了发条的钟表，"好好地干"成了她的口头禅。别人一个巡回 3 ~ 5 分钟，她只用 2 分 50 秒；别人在车头车尾说话，她上厕所都是小跑。入厂不到一年，她的看车能力从 200 锭扩大到 600 锭，生产效率提高到 3 倍。1952 年 5 月，在学习"郝建秀工作法"的毕业典礼上，她获得了第一名。1953 年 8 月，她出席了全国纺织系统劳模大会。同年 9 月，她加入中国共产党。

成为一名党员后，她处处以共产党员"八项条件"要求自己，更加关心生产、关心他人。在第一个五年计划期间，她为了帮助姐妹们共同完成生产任务，曾 10 多次将使用顺手的好车主动让给别人，自己克服困难开陈旧的"老车"，并年年超额完成生产任务。当时与她一个小组的人感到不理解：你去帮助人家，咱们这计划完不成咋办。赵梦桃就说，咱不能这样做，咱要红红一片。

赵梦桃曾先后帮助 17 位姐妹成为先进工作者。她的行动感染了每一个人，"抢困难，送方便，不让一个姐妹掉队"成为一种集体的精神，在她的影响和带动下，人人争当先进蔚然成风。当时厂里面都叫她梦桃姐。比她年龄大的也叫梦桃姐，比她年龄小的更叫梦桃姐。这不是年龄的缘故，而是尊敬。

1952 年至 1959 年的 7 年间，赵梦桃创造了月月完成生产计划、年年均衡生产的好成绩，仅节约棉花就达 1200 多公斤。赵梦桃倡导和表现出来的"困难留己、方便让人"和"不让一个姐妹掉队"的思想品德，被誉为"梦桃精神"。1956 年 9 月，赵梦桃被选为中国共产党第八次全国代表大会代表。

1956 年，赵梦桃在参加全国先进生产者代表大会期间，观摩了同行"双手咬皮辊花"的技术表演，当即用糖葫芦棍当咬花辊反复练习，回厂第二天就把这种操作技术传授给大家。

1962 年，西北国棉一厂为了提高棉布质量，要求细纱工序减少条干不匀的现象，以便消灭布面上的粗细节疵点。她为此刻苦钻研技术，摸索出了一套科学的巡回清洁检查操作法，使断头减少 2/3，粗细节坏纱比过去减少 70% 左右，对提高棉纱条干均匀度和棉布的质量起到了决定作用。

1962 年，赵梦桃被诊断出癌症，需要立即动手术。她动过第一次手术以后，领导上决定叫她当团总支书记。她是这样说的，她说我不去，我的身材，我的个子最适合干细纱，我要像钟表一样不停顿地干到我白发苍苍。手术后的赵梦桃很虚弱，但她不但自己坚持工作，还经常帮助技术不好的姐妹完成任务。

1963 年年初，赵梦桃再次住进了医院，此时，癌细胞已经扩散到她的全身。同事们都感到很悲痛。但是在医院的她保持着很乐观的心情。她硬撑着跟前来探望的同事又说又笑。丈夫郑喜旺经常在赵梦桃床前给她读报纸，有时也会唱起夫妻俩最喜欢的歌，他们约定好等病好了还要一起回到工厂。

1963 年 4 月 27 日，中共陕西省委在咸阳召开了表彰赵梦桃及其小组先进事迹大会，并将赵梦桃所在的小组命名为"赵梦桃小组"，身在医院的赵梦桃录下了一段鼓励工友们的录音："我一定要战胜疾病，争取早日回到车间，我要和全组同志一起，贡献最大的力量。再接再厉，勇往直前，做坚强的突击队旗手。"当日参加大会的工人无不流下感动的泪水。

【精神榜样】

赵梦桃是我国纺织战线的一面旗帜。"赵梦桃小组"自1963年命名以来，50年来一直继承和弘扬"梦桃精神"，坚持以"高标准、严要求、行动快、工作实、抢困难、送方便"18字的"梦桃精神"建组育人，不断创新进取，扎实有效工作。在新的形势下，始终保持全国优秀先进班组和纺织战线一面旗帜的称号，梦桃精神始终激励着"赵梦桃小组"及全国各条战线上的工作者以更加先进的管理制度、更加精湛的操作技术、更加和谐的团队氛围，创造出一流的工作业绩，为祖国和人民争光。

抗击"非典"的英雄院士

【模范人生】

钟南山出生于一个医生家庭，父亲是著名儿科医生，母亲是广东省肿瘤医院的创始人之一。钟南山毕业于北京医学院，1979 年他被派往英国进修，在进修期间取得了多项重要科研成果。1981 年学成回国后历任广州医学院院长，广州呼吸疾病研究所所长，呼吸内科博士生导师，中华医学会总理事，中华医学会呼吸学会副主任委员。曾受聘为国际胸科学会特别会员，国际胸科学会亚太分会理事、联合国世界卫生组织医学顾问及剑桥国际学会会员。

钟南山 40 多年来一直耕耘在医疗、教学、科研和管理一线，先后主持国家"863""十一五"科技攻关以及国际医疗合作等重大项目，荣获 20 余项省级以上科技成果奖。在临床治病工作中，他以精湛的医术和高尚的医德赢得了同事和病人的广泛赞誉。他是近十几年来推动我国呼吸疾病科研与临床医疗走向世界前列的杰出领头人之一。

2002 年 12 月 22 日，钟南山所在的医院接收了一个奇怪的病例，常规的治疗方法全部失效，病人病因不明，X 光片显示其肺部严重受损。两天后，从河源传来消息：当地救治过该病人的 8 名医务人员全部感染发病。钟南山震惊了。在他几十年的职业生涯中，还从没遇到，也没听说过这样的病例。

一个月后，钟南山接到通知，随专家组赶往中山调查。开年以来，该市也先后出现 28 例类似的"怪病"以及医务人员被感染的情况。调查证实了钟南山的预感，这的确是一种人类历史上从未有过的传染病。在给省卫生厅的报告中，专家们将这种不明原因的肺炎命名为非典型性肺炎。

钟南山大胆采用不循常规的手段抢救病人，他和他的团队很快摸索出一套救治方法，大大降低了"非典"危重病人的死亡率。统计资料显示：广东是世界范围内对非典型性肺炎治疗成绩最好的地区之一。

2003年2月18日，北京国家疾病预防控制中心传来消息，在广东送去的两例死亡病例肺组织标本切片中，发现了典型的衣原体。当天下午，广东省卫生厅召开紧急会议，对这一报告进行讨论。轮到钟南山发言了，他沉默良久，摇了摇头。大量的事实表明，临床症候与治疗用药均不支持这个结论。他不同意典型衣原体是非典型性肺炎病因的观点，认为典型的衣原体可能是致死的原因之一，但不是致病原因。在他有理有据的论证下，会议最后采纳了钟南山的意见。

会后，有朋友悄悄问他："你就不怕判断失误吗？有一点点不妥，都会影响院士的声誉。"钟南山平静地说："科学只能实事求是，不能明哲保身，否则受害的将是患者。"广东省卫生厅副厅长王智琼在接受记者采访时说，广东抗击非典型性肺炎能取得阶段性成果，很大程度上得益于钟南山在医疗技术方面的独到正确的见解。他的医疗观点为广东卫生行政部门及时制订救治方案提供了决策依据。

在这场抗击"非典"战斗中，他以实事求是的态度、勇往直前的大无畏精神，主动请缨收治危重病人，全力以赴地精心制订医疗方案，以医者的妙手仁心挽救生命，显示出了科学家治学严谨的作风与高度的责任感。在关系抗击"非典"成败的重大问题上，他能置自身荣辱得失于度外，力排众议，坚守科学家的良知，在抗击"非典"的斗争中起到了重要作用，赢得了祖国和人民的称赞。

2003年4月中国社会所做的一项电话民意调查显示，在北京、上海、广州等地的1200位受访民众当中，有89%的人认为钟南山是一位英雄。

【精神榜样】

钟南山精神是一种恪尽职守的敬业精神，他年近古稀仍分秒必争；

钟南山精神是一种大无畏的牺牲精神，为治"非典"，他冒死检查所有病人的口腔、咽部，置个人安危于度外；钟南山精神是一种科学求索精神，他实事求是，勇攀高峰。大力弘扬钟南山精神，我们每个人将会更加优秀和拥有更强的责任感，我们的祖国必将更加繁荣富强。

五星志愿者宋志永

【模范人生】

2008 年春节前,中国南方发生了特大雪灾。腊月二十九的晚上,守在电视机前的宋志永看到南方的百姓因为断水断电而生活异常苦难时,内心感到极其沉重。天亮后,他把自己想去南方救灾的想法和几个村民一说,大伙都举手赞成,愿意和他一起去。2 月 6 日下午,农历大年三十,宋志永拿着家里的 3 万多元钱和一封村里开的介绍信,租了一辆面包车,准备好锹、镐等工具,和其他人一起奔赴湖南。他们当中年龄最大的王加祥 62 岁,年龄最小的王金龙只有 19 岁。

他们中只有宋志永会开车。一天一夜的长途奔波,他始终没有合过眼,困得不行的时候,只能掐自己大腿。2 月 7 日下午,他们到达长沙,但长沙附近抢险救灾工作已经基本结束。于是,13 个人又连夜赶路,于 2 月 8 日赶到了受灾最严重的郴州市。此时,郴州的供电系统已完全瘫痪,这里成了冰雪中的孤岛。宋志永连夜找到电力抢险指挥部,对正为人手发愁的总指挥说:“可能我们不是对这个电力有特别的技术,但是我们运材料没有问题,我们有的是力气。”他们随即被编入电力抢修先锋队。

在郴州,他们的主要任务就是深入山区,清理通往山顶电网铁塔路上的积雪,并且将准备替换的设备运上山,将损坏的设备从山上背下来,平均每个人都要背二三十公斤的重量,一个小时打个来回。他们每天起早贪黑、踏雪履冰,为抢修工地扛器材、搬材料、抬电杆,一干就是半个多月,直到完成任务后才返回家乡,他们被当地媒体誉为“唐山十三义士”,被郴州市授予荣誉市民称号。

2008 年 5 月 12 日下午,在得知四川汶川发生特大地震后,宋志永和 12 位兄弟商量后，几经辗转来到灾情最重的北川县城，成为最早进入北川的志愿者之一。在灾区，他们没日没夜地忙碌着，救人、挖遗体、卸物资、搭帐篷……他们与解放军、武警战士一起，抢救出 25 名幸存者，刨出近 60 名遇难者遗体。后来，宋志永又将 246 名灾区孩子接到唐山玉田上学。

无论是在郴州，还是在北川。唐山兄弟都听到了当地人发自肺腑的赞美声。"不论走到哪儿，老百姓们都特别感谢我们。不停地对我们说谢谢啊谢谢啊。"回忆起当时的场景，他们个个显得十分自豪。在郴州，当所有村镇都通上电后，他们准备启程返乡。依着他们淳朴的心愿，只想悄悄地来，悄悄地走。可临近回程临出发的时候，涌来的 1000 多名群众将他们围得水泄不通。群众手里有拿着东西的，有拿着钱的，他们用各种方式来表达着对他们的感谢。

没有上级的号召，也没有组织的要求，13 位农民兄弟自愿到灾区救灾，一个最简单的念头——"滴水之恩，涌泉相报"。正如宋志永说的："当年我们遭灾时，四面八方的人都来救援我们，现在四川遭了灾，我们不能袖手旁观，一定得赶过去搭把手。"30 多年前，唐山大地震时，4 岁的宋志永在震后第 3 天因重度肺炎而生命垂危，是上海医疗队的医生把他从死亡线上拉了回来。

救灾小分队年已六旬的王加祥，回眸当年全国各地医疗队来唐山支援的感人场景，他由衷地说："咱讲不出什么大道理，但是知道知恩图报。"因此，无论是在郴州还是汶川，都是他"回报的时候"。

【精神榜样】

他们的义举勇为及高尚情操是对中华民族传统美德和社会主义核心价值体系最生动、最朴素的诠释。他们淳朴、至善的行动，向世界展示了令人震撼的民族力量。"知恩图报"，是 13 位农民兄弟的朴素心愿，而"国家兴亡，匹夫有责"更是他们对国家对民族的责任担当。13 位农民兄弟处处的侠义之举，充分体现他们抱负的使命感和责任感，也将成为长久地留在我们心间的宝贵精神财富。

辛苦我一人，方便千万家

【模范人生】

　　徐虎出生在上海市郊的一位菜农之家，1975 年因征地进了城，成为上海市普陀区房管局中山北路房管所的一名水电维修工。当时，中山北路以老旧公房为多，居民家中水电故障频繁。但当时房管所和其他单位一样，"大家下班我下班"。而下班后的时段正是居民家中用水用电高峰，也是故障高峰，由于无人去及时维修，给居民生活带来许多不便和困难。

　　1985 年 6 月 23 日，他制作了 3 只"特约报修箱"挂在居委会、电话间墙上。上书："凡附近公房居民遇到夜间水电急修，请写清地址，将纸条投入箱内，本人将为您提供维修服务。开箱时间：19 时。徐虎。"多年来，他每天晚上 7 点准时打开报修箱，义务为居民修理 2100 余处故障，花费了 6300 多小时的业余时间。有 8 个除夕夜，他都是在工作一线度过，被群众亲切地称为"晚上 7 点的太阳"。

　　1997 年前后，由于通信条件的改善，电话逐渐代替了纸条。一条 24 小时的"徐虎热线"开通了。"徐虎热线"逐渐取代了斑驳开裂的"夜间服务箱"。徐虎办公室的电话乃至家中的电话，都成为"徐虎热线"的延伸。热线开通的 10 余年来，每年都要接到各类报修、咨询电话 3 万个左右。在上海各行各业的服务热线中，"徐虎热线"的知名度、美誉度始终名列前茅。

　　1996 年 4 月 17 日，中央宣传部、建设部和上海市委在北京联合举行徐虎先进事迹报告会。《人民日报》、新华社等各大媒体纷纷在头版头条位置刊发介绍徐虎的先进事迹。1997 年，徐虎先后两次受到中共中央总书记江泽民的亲切接见，授予全国优秀工人代表和全国优秀共产党员的荣誉称号。

榜样的力量是无限的。水电工王耀齐自 1986 年调入徐虎所在的班组后，跟着徐虎学"艺"，他耳濡目染师傅的言行，于 1989 年 1 月在管弄新村以个人的名义挂出了 3 只夜间特约报修箱，并把家中的地址公布于众，被居民称为"徐虎第二"。1992 年，他被评为上海市劳动模范，并获得了全国五一劳动奖章，1994 年获建设部劳动模范称号。

继王耀齐之后，在普陀区东新地区，出现一个被誉为"徐虎第三"的黄卫国，在普陀区曹安地区，出现了一个被誉为"徐虎第四"的蒋德宽，在普陀区曹杨地区还出现了一个被誉为"徐虎第五"的水电工冯宝荣，他们或挂出了报修箱，或在服务地区公开报修电话和自己的BP 机号码，或索性将铺盖搬到了所里值班室，热情地为地区居民排忧解难。凭借着热心服务，他们先后当选为上海市劳动模范。

劳模的精神确确实实得到了传递和发扬。在徐虎精神感召下，形成了广泛的"徐虎效应"。从编号的"徐虎"到未编号"徐虎兵团"，越来越多的徐虎涌现出来，徐虎已经成为无私奉献精神的化身。

1998 年以后，徐虎告别了水电维修岗位，开始从事物业管理工作，历任徐虎物业经营有限公司副董事长、党支部书记、上海西部企业集团徐虎物业有限公司物业总监等职。从普通的水电维修岗位到集团企业中层管理岗位，虽然角色变了，但他"辛苦我一人，方便千万家"的信念丝毫未变。

在新的岗位上，他积极钻研现代经营管理理论，结合自己的物业实践，撰写了多篇具有前瞻性和可操作性的研究论文。并主动带徒，手把手把自己的专业技能和服务理念传授给徒弟，促进了员工素质的整体提高。他经常深入社区听取意见，解决了多起物业维修方面的疑难杂症，受到了居民的称赞。

【精神榜样】

徐虎精神是一种为千家万户带来方便的不平凡的精神，它演奏了我们这个时代的主旋律。当别人问徐虎为什么要这样做时，他坦率地说"保尔·柯察金墓前的那段名言对他影响很大。人的岗位可以平凡，但是人的一生绝不能碌碌无为，虚度年华。"徐虎最大的追求就是把平凡的工作做好。让居民满意就是他最大的快乐。如果人人都具有徐虎那样的追求、那样的毅力，世界将充满温馨、充满欢乐。

一颗种子改变世界

【模范人生】

袁隆平，杂交水稻研究领域的开创者和带头人。从 1964 年开始，他 40 多年如一日，全身心致力于杂交水稻的研究，先后成功研发出"三系法"杂交水稻、"两系法"杂交水稻、超级杂交稻一期、二期，使水稻产量从平均亩产 300 公斤左右先后提高到 500 公斤、700 公斤、800 公斤，并继续向亩产 900 公斤的第三期目标顺利推进。20 多年来，我国累计推广种植杂交稻 56 亿多亩，每年增产的稻谷可以养活 7000 多万人口，相当于全世界每年新出生人口的总和。

袁隆平和他的杂交水稻震惊了世界。1982 年，国际水稻研究所所长斯瓦米纳森由衷地说："我们把袁隆平先生称之为'杂交水稻之父'，他是当之无愧的。他的成就不仅是中国的骄傲，也是世界的骄傲。"1980 年，杂交水稻作为我国出口的第一项农业专利技术转让美国。20 世纪 90 年代初，联合国粮农组织将推广杂交水稻列为解决发展中国家粮食短缺问题的战略措施。

袁隆平是一个爱做梦的人。1960 年，袁隆平是湖南安江农校的一个大专老师，正当三年困难时期，全国人民吃不饱，袁隆平也吃不饱。饥饿的袁隆平反复做着一个梦，他梦见自己培育出了一株超级杂交水稻，它长得比高粱还高，稻穗比扫把还长，谷粒有花生米那么大。

他深知做梦容易，但要把梦变成现实则需要付出大量艰苦的劳动和投入。于是，为了圆自己的杂交水稻梦，他几十年如一日，废寝忘食，殚精竭虑，苦心孤诣，攻关不止。为争取更多的研究时间，他像候鸟一样每年冬天从寒冷的长沙转移到温暖的海南岛，他一年中超过

1/3 的时间都在农田里劳作、观察和研究。从播种到收获，袁隆平每天至少下田两次，晒得又黑又瘦，像一个地地道道的农民。袁隆平有句话广为流传："我不在家，就在试验田；不在试验田，就在去试验田的路上。"

袁隆平把科学成果当作全社会的共有财富，当刚刚发现"野败"的时候，他就毫无保留地告诉给全国育种专家和技术人员。在我国，杂交水稻的成果基本上是无偿使用，这在很多人看来不可思议。

隆平高科是我国第一个以科学家名字命名的股票，2000 年上市。袁隆平现任该公司名誉董事长，持公司 5% 的股份。当别人问他"是否关注隆平高科股价"时，他平静地说："我从来不管这个事。"

袁隆平说："我的主要精力是做研究。只要田里有稻子，从播种到收获，每天都要下田，这是我的本职工作，也是我的兴趣。""钱是拿来用的，该用则用，不挥霍不浪费，不小气不吝啬。"

他的名字甚至已被估值超千亿，但他对这些名利淡漠超然。他说，人的身上，最值钱的东西，是脑袋里的知识！正如一位诺贝尔奖获得者所言，"重要的是能做什么才能让同胞们更加健康和富有"。

袁隆平心里始终惦记着老百姓的肚子。领取中国最高科学技术奖的当天，71 岁的他便飞到海南三亚，一下飞机就走进试验田，检查土壤，测算稻穗，丈量植株，像一个老农忙着查看自己的庄稼。"我的工作主要在实验田，越是打雷、刮大风、下大雨，越要到田里面去看看，看禾苗倒伏不倒伏，看哪些品种能够经得起几级风。从参加工作到现在，只要田里有稻子，我每天都坚持下田试验。"

袁隆平身上体现了一位知识分子的爱国情怀，体现了改革时代的创新追求，体现了不为名利所累的精神境界。他举世瞩目的成就，源于他甘于寂寞、矢志追求、默默无闻的科研精神。他是我国当代知识分子树立和落实科学发展观，践行社会主义荣辱观，弘扬和培育民族精神、时代精神的优秀代表。

【精神榜样】

如果说，当年袁隆平教授因饥馑而发奋研发杂交水稻而成功，那么现在他不断开拓杂交水稻的新境界的壮举，则是他一如既往的心济苍生、为人类谋幸福的责任感的生动体现。这种中华民族的美德，有袁隆平这样的更多的民族精神的传承和引领，必将成为我们全体人民学习的榜样。我们相信，全体中华儿女必将以袁隆平先生这种伟大的责任观为榜样，发奋努力，发奋图强，在伟大的中国共产党的领导下，为中华民族的繁荣富强贡献自己的全部聪明才智，上下一心，团结奉献，共同创造出不愧于时代、不愧于未来的辉煌篇章。

谭彦：燃烧的生命

【模范人生】

谭彦 1960 年出生在辽宁省吉安县一个普通的农村，从小他就树立了当一名法官的志向。1981 年，他以全校第二名的成绩考上了吉林大学法律系。1985 年 7 月大学毕业后，谭彦主动放弃市区优裕的生活环境，志愿到刚刚起步、条件比较艰苦的大连开发区工作。

1988 年年底，由于过度劳累，他感冒发高烧持续 20 余天，但他仍然一边咬牙坚持工作，一边照顾临产的妻子。1989 年春，就在妻子分娩当天，谭彦再也支撑不住了，同事们把他送到医院。由于长时间的高烧，谭彦的两个肺已经严重烧坏。他的肺结核已经恶化为"慢性纤维空洞型肺结核"，这是肺结核晚期最严重的一种。医生要他长期"全休治疗，否则最多只能活 5 年"。

当得知生命已变得短暂可数时，他没有被病魔吓倒。在医院住了不到一个月，高烧一退就回法院上班了。医生留他，留不住；同事们劝他，他听不进去。妻子哭着说："不是不让你上班，是让你先养好了病，有了好的身体再工作，有你在，我们才有个完整的家，否则……""丽娜，别这么说。不少结核病人长期住在医院也就那么回事。我这么年轻，在医院里憋得慌，还不如上班干点事充实。"

他说："活着就要工作，死也要死在工作岗位上。"在谭彦的办公桌上压着美国著名作家杰克·伦敦的一段名言："生命就如一朵火焰，渐渐烧尽自己。但当一个孩子新生了，他就得到一个新的火苗。"在他病情最为严重的 1993 年 7 月 1 日至 1995 年 6 月 30 日期间，总共有 560 个出勤日，他实出勤竟多达 512 天。他在以惊人的毅力与生命争夺时间。

谭彦具有坚强的党性，在工作中，他处处以党员标准严格要求自己，刚正不阿、秉公执法、不徇私情、清正廉洁，从不办关系案和人情案，被誉为"铁"法官。在担任开发区法院民事和刑事审判庭副庭长期间，他不仅带领全庭干警多办案、办好案，而且自己年结案就达108件，高出平均水平44.4%，结案率、调解率、无超审限等3项指标名列全院第一，经他办理的案件无一改判。

2004年11月28日10时45分，在与病魔顽强地抗争了十几年后，年仅44岁的谭彦带着对亲人的无限眷恋，对审判事业的无限热爱，永远地离开了人世。即使在生命的最后时刻，谭彦依然忘不了他所热爱的法官事业。他说："作为法官，清廉如水是立身之本，秉公执法是生命之魂，枉法裁判是天大的耻辱……我是一名普通法官，只是做了一点应该做的工作，党和人民却给了我很多荣誉，心中时常不安。我的生命是有限的，矢志将青春年华献给党的事业，只叹身患重病，壮志难酬……"这就是谭彦的遗言，这就是"铁法官"的心声。

【精神榜样】

谭彦同志始终坚持党的宗旨，秉公执法、一心为公，并以不屈不挠的拼搏精神与病魔作斗争，表现了一名人民法官如何履行立党为公、执政为民，清正廉洁、秉公执法。维持党的先进性，是政法战线上的一面旗帜，是每一位党员干部学习的榜样。我们要学习他那忠于党和人民的坚定信念、秉公执法的工作原则、爱岗敬业的工作态度、求真务实的工作作风，使自己成为祖国和人民最需要的人。

不朽的"师魂"：谭千秋

【模范人生】

1957 年 8 月，谭千秋出生在祁东县步云桥镇岩前村。他的父母有 5 个儿女，他排行老大。他从小就非常懂事，对弟弟和妹妹很照顾。由于家境贫寒，每顿饭都是以红薯、豆子等杂粮为主，只有一点点米饭。谭千秋总是将米饭让给弟弟和妹妹吃和父母吃，自己偷偷地吃红薯、薯渣。

他相信知识能够改变命运。1975 年夏，他高中毕业后回到家中务农，但他一直没有放松学习。不久就成了村里的代课教师。1977 年，恢复高考制度，谭千秋决定考大学，他买来学习资料，每天除了吃饭、睡觉，其余时间全用在学习上。经过两次高考，他终于以优异的成绩考上了湖南大学。1982 年毕业后，他就到了四川东方汽轮厂当一名教师。

无论是上学期间，还是走上工作岗位以后，谭千秋的生活都非常节俭，大热天连冰棒和矿泉水也舍不得买，口干了便到附近找水井解渴。因车费太贵，回家一趟要 2000 元，于是他几年才回一次家，将省下来的钱支援家里，帮助别人。

2006 年 6 月，父亲不幸患上骨髓癌。谭千秋立即回到家中。他体谅弟弟们都在农村，家境不好，便提出要一个人承担起父亲治病的医药费。弟弟和弟媳不同意，他便找了个借口："我在家时间少，平时你们照顾父母很辛苦，就给我一个尽孝的机会吧！"兄弟们拗不过他，只好答应他。父亲住院 10 多天，花去医疗费两万多元，他没让家里人出一分钱。

谭千秋极富有爱心，还在念小学时就特别喜欢帮助别人。如果在放学时下雨，他一定会把雨伞让给没带伞的同学，自己则淋着雨回家。高中毕业后，村里许多村民不识字，他便向村干部建议，办起了扫盲夜校。他主动当起了教师，白天出工，晚上义务为村民上课，手把手地教村民写字，学文化。

谭千秋对学生非常关心，哪怕是操场上有一颗小石子，他都要捡开，怕学生玩耍的时候摔倒。哪位学生有困难，他就尽力相助；学生没吃饭，他会将学生叫到自己家里做饭给学生吃；学生身体不舒服，他会掏钱带学生去医院看病。他被同事们称为"最疼爱学生的老师"。

谭千秋经常教育学生："做人最重要的是要有社会责任感。"1982年6月谭千秋大学即将毕业，他是学校里的高才生，学校准备让他留校任教，但他得知四川东方汽轮厂是全国大型国有企业，厂职工大学急需高水平的教师，便主动请缨："我要到祖国最需要的地方去！"结果他在这一干就是26年。

2008年5月12日，四川汶川发生强烈地震，波及绵竹。在地震中，东汽中学一栋教学楼顷刻坍塌。当时，谭千秋正在这栋教学楼的教室里上课，他迅速组织同学们向楼下疏散。当他得知有几个同学还没有离开，立即从三楼返回四楼。看到水泥天花板即将坠落，危急时刻他奋不顾身扑了上去，用双臂将4名高二（1）班的学生紧紧地掩护在身下……4名学生在他的保护下成功获救。

5月13日22时12分，谭千秋终于被找到。"我们发现他的时候，他双臂张开着趴在课桌上，后脑被楼板砸得深凹下去，血肉模糊，身下死死地护着4个学生，4个学生都还活着！"第一个发现谭老师的救援人员眼含热泪，他说，谭老师誓死护卫学生的形象，是他这一生永远忘不掉的。和他有同样感受的还有全国亿万人民，对于谭千秋舍己救人的英雄壮举，谁都是不能忘掉的。

【精神榜样】

谭千秋最无愧于"太阳底下最高尚的职业"这一称号，他的英雄事迹感动着全国人民，让所有人的心灵为之震撼。他不仅是教育工作者的骄傲，更是中国人的骄傲，因为在他的身上闪耀的是中华民族最为宽阔的胸怀、最为高尚的情操和最为宝贵的民族品质。他用生命诠释师德，他的行为和风范必将激励越来越多的人爱岗敬业、乐于助人、无私奉献，以饱满的热情投入祖国和人民的事业中。

第四章

我们的使命是照亮整个世界

"小巷总理" 谭竹青

【模范人生】

改革开放初期，十委社区班子的伙伴们常为全国的改革热潮兴奋不已，但一想到"自家一亩三分地"的发展就犯愁。当时的十委社区还是"三条黑胡同，一条泥水路"，居委会穷得连办公用品都买不起，根本谈不上社区建设。"咱得先发展社区经济，有点钱才好办事。"尽管谭竹青的决定经过深思熟虑，但还是立即引来一片惊疑的目光。没钱、没物、没项目，要发展经济不是说梦话吗？

为了解决启动资金，她和老伴拿出了家里的全部积蓄；为了节省资金，她带领委上的退休人员和待业青年捡砖头，脱土坯，挖沙子，向拆迁工地要木料，办起了居委会的第一个企业——"如意小吃部"。凭着这股闯劲，以"小燕垒窝"的精神，先后办起了麻花作坊、服装厂、制鞋厂、装潢公司、印刷厂等17个企业，不仅没要国家一分钱，没贷银行一笔款，还向国家缴纳税金几百万元。

谭竹青认为，社区党组织和居委会同群众联系得最紧密，所做的每一件事，都代表党和政府的形象。她紧紧抓住群众最关心、利益最紧密的实际问题，把社区建设与居民群众的需求结合起来，尽量让居民群众得到更多的实惠。她最常说的一句口头禅是："作为一名基层党员干部，虽然官不大，但是为官一任，就要造福一方，这是共产党员的本分和天职。"

她用"燕子垒窝"的精神，从一点点的小事做起，一步步改变着十委社区的面貌。拆除棚户区、修路、种草、栽树、修花坛、盖凉亭，建起社区服务中心，昔日"都市里的村庄"彻底改变了模样。为解决社区孩子入托难、孤寡老人生活照顾难的问题，她先后投资建设了全市第一个居委会办的托儿所和益寿院。在她的不懈努力下，社区各项设施齐全，几十项日常生活需求不出社区就可以得到服务。

十委社区居民中有90%以上都是困难人群，下岗职工多，接受低保救济的贫困人口多。在这种状况下，谭竹青竭尽所能，举办了美容理发、服装裁剪、家政、烹调等培训班，使下岗职工掌握一技之长，在努力拓宽街委企业、社区服务网点等就业渠道的同时，她还鼓励下岗职工自创事业，生产自救，先后安置了1000多名下岗职工，使社区居民"虽下岗，不失业"，生活得到了基本保障。

"有难处，找谭姨。"在十委社区，这是最通行的一句话。谭竹青是社区居民的主心骨，再难的事，她也要千方百计帮助解决；她是百姓的贴心人，再苦再累，她也要把温暖送到百姓心里。人们说她是"上管天，下管地，中间管着百姓的冷暖疾苦、柴米油盐"，亲切地称她"小巷总理"。

谭竹青一生清正廉洁，她曾把自己应得的10多万元奖金全部拿出来用在十委发展经济和救济困难户上；还曾把自家的两间平房拆掉一半，无偿地给幼儿园使用；1996年，上级有关部门组织劳模出国考察，谭竹青放弃出国机会，把节省下来的钱用到了社区绿化上；社区新房盖好后，谭竹青忙着安置别人，直到社区安居工程全部竣工，她才随最后一批回迁居民搬入新居。

从1957年开始，她在长春市二道区东站街道十委工作了48年。2005年12月3日，谭竹青不幸病逝。长春市成千上万的干部群众怀着惜别之情，自发为她送行。谭竹青的老伴宋国华拿出2000元钱替她交了最后一次党费。对于上级和社会各界送来的7万多元慰问金，宋国华则让社区居委会替他准备一份困难家庭名单，他说："谭竹青一定会这样做的。"所有人都相信她一定会这样做的。

【精神榜样】

谭竹青的事迹告诉我们，只要每个人都能够对自己的本职工作认真负责，时刻把人民群众的利益放在第一位，做事勤勉、做人诚恳，就能够在平凡的工作中创造出不平凡的业绩。"竹青精神"是建设和谐社会的宝贵财富。我们青少年将来也要向谭竹青那样，永远服从于大局，永远服务于人民，紧紧团结、组织和动员广大群众，同心同德，群策群力，为建设和谐社会而努力奋斗！

伟大的国际共产主义战士

【模范人生】

1938 年 1 月，年近 50 岁的白求恩与加美医疗队一起从温哥华出发前往中国。白求恩一行来到延安，受到毛泽东的亲切接见。他当时就向毛泽东提出到晋察冀根据地前线工作的请求。

八路军卫生部考虑到白求恩的安全，希望他留在延安。他生气地说："我不是为享受生活而来的。咖啡、牛肉，这些东西我早就有了，但为了理想我抛弃了！现在最需要特别照顾的是伤员，而不是我。"

八路军卫生部只好报请中央批准，中央同意了他的请求。白求恩带着高超的医疗技术和对中国革命战争事业的无限热忱奔赴前线。他到达晋察冀边区后方医院后，第一周内就检查了 520 个伤病员。第二周，白求恩大夫就开始施行手术。他连续工作 4 个星期后，使 147 个伤病员带着健康的身体又回到前线。从此，哪里有伤员，白求恩大夫就出现在哪里。

白求恩对伤员和老百姓都十分爱护。为了杜绝责任事故，白求恩结合实际情况，建立了一系列医疗规章制度，自己带头执行。每晚休息前，他都要列好第二天的工作要点，并检查核对好常用的手术器械和药品。

有一次，白求恩率领医疗队准备通过日军封锁线，发现了一位患脓胸症的老乡，他不顾在敌人封锁区停留的危险，坚持为这位老乡做完手术，才继续前进。

在艰苦的战争环境下，白求恩无私地奉献着自己的一切。他从不考虑自己，在生活上毫无所求，就连每月 100 元的津贴都拒绝了。他这种毫不利己、专门利人的模范行动，使他受到了抗日根据地军民的尊敬和爱戴。

为筹集医疗器械和经费，白求恩准备回国一趟。残酷的日军此时却开始了疯狂的"扫荡"，白求恩放弃了回国计划，带领医疗队奔赴摩天岭前线，在靠近火线的一座破庙里布置了手术室，他顾不上吃饭、睡觉，抓紧时间抢救伤员。

在紧张的工作中，白求恩的左手中指被手术刀刀尖划破了，他把受伤的手指放在消毒液里浸了浸，继续工作。直到为最后一名伤员做完手术，白求恩一行又赶到甘河净后方医院，这时他才发现自己的手指开始肿胀，可他顾不上自己，又投入到检查伤员情况、为伤员做手术的救治工作之中。就在白求恩为一位头部严重感染的伤员实施排脓手术时，他受伤的手指被感染了。

长期连续地工作，白求恩昏倒了。上级领导与同事们都劝他休息治疗，可白求恩不顾劝阻，坚决要求上前线。他说："不能因为这点小病让我休息，你们要拿我当作一挺机关枪去战斗。"就这样，白求恩拄着一根树枝，率医疗队上了前线。

当白求恩给一名丹毒合并蜂窝组织炎的伤员做手术时，这种外科烈性传染病的细菌使他发炎的手指再次被感染。不久，炎症恶化，转为败血症。病情危急，军区首长指示，不惜一切代价为白求恩治疗。然而，医护人员竭尽全力，已回天乏术。

当医护人员抬着白求恩向后方转移的过程中，白求恩的病情进一步恶化，白求恩坚决不走了。他说："我是医生，我知道我患的是脓毒败血症，没有办法再治了，还是让我在这里抓紧时间完成书信和报告吧。"

在生命的最后时刻，白求恩给聂荣臻司令员写信，建议"每天要买250磅奎宁和300磅铁剂，专为疟疾病者和绝大多数贫血患者"。白求恩最后一次尽到卫生顾问的职责。他向守在身边的同志们深情地说："非常感谢同志们对我的帮助，多么想继续和你们工作啊！"

【精神榜样】

　　"我拒绝生活在一个制造屠杀和腐败的世界而不奋起反抗"，白求恩用行动诠释了自己对战争与黑暗的愤慨。他把正义当作自己的信仰，他对职业的无限热忱和高度的责任感让人为之动容；他将手术刀当作战斗的武器，用鲜血和生命为世界和平谱写一曲无私奉献之歌。

平易近人的人民英雄

【模范人生】

刘志丹出生于陕北一个秀才之家，小时候目睹了黄土高原上饿殍遍野、民不聊生的惨景，立志改变社会。1925年，黄埔军校毕业的刘志丹，到冯玉祥部队任第四路军党代表兼政治处主任，只有23岁的他在西北军中已是知名人物。

在渭华发动起义被打败后，刘志丹苦心为创建根据地奋斗了7年之久。1929年，他到陕甘边界的桥山，见当地是"三不管"的地方，一些土匪搞几支枪就能在此割据一座山头，便动员陕西省委的党员说："连土匪都可以在这些地方称山大王，弄得军阀无可奈何，为什么我们共产党人不可以在这里闹革命呢？"

1930年夏天，他拉起一支200人的队伍上了永宁山。当地民谣传唱："刘志丹练兵石峁湾，要把世事颠倒颠。"不久，在敌军"围剿"中，队伍被打散，刘志丹也被关进监狱，党组织通过疏通关系，他才得以释放。

此后，他3次拉起队伍，3次被打散。1933年5月，红二十六军在南下的过程中，因孤军作战，弹尽粮绝。刘志丹带领10多人冲出重围后，又被困在深山老峪里，靠采集野果充饥。时值盛夏多雨，加之敌人重赏通缉刘志丹，经常派兵搜山，处境十分艰难。

但刘志丹保持了坚定的革命意志，他经常与战友谈心，鼓舞士气。后来他动员大家突围，在通过封锁线时又遭到敌人袭击，大部分同志牺牲了，刘志丹死里逃生，一个人冲出了老峪，历尽艰难险阻，带着几支驳壳枪回到根据地。他不仅返回了陕北，还靠那几支驳壳枪再次打开了局面。

刘志丹用了一年时间走遍陕北的黄土高坡，通过实地考察，他选中了敌人力量薄弱的南梁山区。为了熟悉陕北的山山水水，他走街串户，翻山越岭，哪一塬哪一村人家多少、窑多少、锅多少，一清二楚，被当地居民称为"活地图"。

由于对陕北地形了如指掌，刘志丹在军事斗争中把游击战术发挥得淋漓尽致，成为陕甘红军的灵魂人物，也成为国民党军队将领眼中的"人精"，国民党很怕与他对阵，于是到处贴告示：活捉刘志丹赏一万大洋。毛泽东听到后说："古时候陕北出了个李自成，当今又出了个刘志丹，陕北果真是出人才的地方啊！"

1936年，为了打通前方部队与陕北根据地之间的联系，形成一个有利于我方的势态，我红二十八军决定攻占三交镇。3月31日晚，围攻三交镇的战斗打响了。

红二十八军的一团和二团分别从南北两面夹击敌人，三团则作为预备队准备阻击敌人的援兵。然而，由于敌众我寡，战斗进行得很不顺利，部队消耗很大。此时，红二十八军远离主力部队，又是独立作战，对敌情和当地情况并不十分清楚。

为掌握前线战斗进展情况，刘志丹带领几名人员冒着呼啸的子弹，从军部来到战斗进展不顺利的一团前沿阵地亲自观察地形，仔细研究敌情，严密部署战斗。4月14日，刘志丹一直在前沿阵地观察敌情，指挥战士向敌人发起冲锋时。突然，一颗子弹击中了他的左胸，他当即昏迷过去，神志稍一清醒，就对身边的同志说："让宋政委……来指挥，赶快消灭……敌人……"说完这句话就停止了呼吸。

【精神榜样】

刘志丹临终仍牵挂着指挥部队，消灭敌人，其强烈的责任感令人震撼。责任感是指人对一定社会、一定时代，社会和国家赋予的责任的一种感知和认同。责任感不仅是伟人的事情，作为芸芸众生的一员，每一个人都被赋予了一些特定的责任，我们的责任感就是知道自己在做什么及这样做的意义，只有这样，才能释放生命的激情，加速前进的步伐。

 人民炮兵的奠基人

【模范人生】

1945 年党的七大闭幕后，毛泽东和周恩来向朱瑞传达中央让他担任中央军委副总参谋长的事宜，朱瑞却认为自己长期在上层机关工作，缺乏基层实际工作经验，他说自己在苏联学过炮兵，请求去做建设炮兵的工作。中央接受他的要求，让他担任延安炮兵学校代理校长。从此，朱瑞就担负起建设人民解放军炮兵的任务。

延安炮校是今天人民炮兵的摇篮。抗战期间，受客观的游击战争性质的限制，延安炮校局位于延安远郊，再加上炮校的多数同志因知识分子出身而被打成"特务""奸细"，很多人不能安心进行训练，朱瑞就一一疏通思想，鼓励状态低落的同志。经过一个很短的时期，炮校就全面恢复了训练和生产，后又赶赴东北战场。

朱瑞率领炮校到东北后，面临苏军将火炮等重型装备运回国内、国民党军大举进攻东北的严峻形势，及时提出"分散干部，搜集武器，发展部队，建立家业"的方针。他亲自带着指战员到各地去收集日军和苏军遗弃的各种火炮、坦克、飞机，积极发展炮兵部队。

朱瑞重视培训炮兵干部，善于总结作战经验，提出集中使用、步炮协同、抵近射击等战术原则，对炮兵的组织、训练、装备等方面都作出了明确规定。在朱瑞的领导下，仅仅 3 年的时间，延安炮校由最初的 500 名骨干发展到拥有 16 个炮兵团和 1 个炮兵纵队，各种火炮 4700 多门的东北炮兵学校。

截止到辽沈战役前，东北炮兵学校共培养出 2000 多名炮兵干部，不仅满足了东北军区的需要，还向其他军区输送了几百名干部，为建

立人民解放军炮兵奠定了基础。在三下江南、四保临江战役中，朱瑞先后组织 70 多个连队的炮兵参战，为夺取辽沈战役的胜利发挥了重要作用。

1948 年 7 月，朱瑞参加辽沈战役的准备工作。军区领导决定留他在后方主持工作，他坚决要求上前线。9 月 12 日，东北人民解放军发起辽沈战役。攻占锦州是夺取辽沈战役胜利的关键，而攻克锦州北面的义县县城又是夺取锦州的关键之战，朱瑞亲率自己组建的东北人民解放军炮兵打响了攻克义县县城的战斗。

义县城墙高大，敌人以城垣为依托，沿城墙四周构筑碉堡，地面上遍布地雷，外围还设了许多障碍，城内驻有国民党暂编第二十师及地方武装 1.2 万多人。10 月 1 日，东北解放军发起总攻。朱瑞一声令下，各种口径的炮弹飞向敌人据守的城墙和工事。我解放军勇士犹如猛虎一般冲向敌群，不到 6 小时，就将守敌全部歼灭，活捉了敌师长王世高，胜利拉开了辽沈战役的序幕。

朱瑞为了及时了解实战情况，总结炮兵突破城垣的经验，为更大规模地攻打锦州做准备，他亲率部分炮兵指挥人员，不顾危险奔向刚刚结束的战场查看现场实战情况。忽然一颗地雷爆炸，朱瑞当场触雷牺牲。

【精神榜样】

朱瑞因触雷牺牲的事实令人遗憾，但他高度认真负责的品质更让人敬佩。在现实生活，很多人对"认真"二字却不以为然，经常发出这样的言论："何必那么认真呢？""说得过去就可以了！"这是一种不负责任、敷衍应付的态度，一旦陷入困境，难免埋怨命运之不公。而解决此问题的最佳捷径就是：以认真为信仰，认真做事，认真做人。

吴焕先破家济民闹革命

【模范人生】

吴焕先出身富裕家庭，家里有近百亩地和一家店铺。他想：既然坚定共产主义信仰，光背叛这个剥削阶级家庭还不行，应该想方设法破家济民。在他的反复动员下，父亲吴维棣终于同意了。

于是，父子二人在自家门前，当着农会和群众的面，将家里的土地房屋契约和债据全都烧毁，在场许多人感动得热泪纵横，连声说：焕先他闹革命真是为我们穷人啊……从此，农民群众更加信任他，自觉跟着他闹起了革命。

吴焕先的革命行动得到农民群众的积极响应，却引起了反动派的极大仇恨。为了报复，敌人将吴焕先的大哥、二哥残酷杀害，大嫂被逼得抱着不到半岁的小孩跳塘而死。敌人又疯狂地追寻其父吴维棣，吴维棣带着小儿子吴济先在丛林里被抓住。

反动派用枪逼问吴维棣："你儿子跑到哪里去了？"满腔怒火的吴维棣冲着反动派答道："还用问，你们打死的不就是我的儿子？"反动派恶狠狠地吼起来："我们问的是吴焕先哪里去了？"老人两眼仇恨地瞪着反动派大声说："老实告诉你们这帮土匪，他革命去了，他就是为杀尽你们这群狼心狗肺的东西……"

气急败坏的反动派用刺刀朝老人连捅 5 刀，接着，又将吴济先打死。敌人就这样残忍地杀死了吴焕先一家六口。吴焕先的母亲、妻子被迫逃难到他乡。

1927 年，吴焕先率领鄂东军转战木兰山，并带领革命群众在当地坚持斗争。为了不暴露身份，他装扮成风水先生，身背罗盘，四处奔走，发动群众坚持斗争。

有一天，吴焕先走到一个村头，看到山坡上有几个放牛娃，就和他们聊了起来。从孩子们口中，他得知村中地主家里死了儿媳、耕牛以及黄狗肿了头的情况后，心生一计，来到地主家门口。

吴焕先定下罗盘，然后大声地说："新开门楼连水流，栽秧季节死耕牛，小儿媳妇难产死，看家黄狗肿了头。"愁眉不展的地主老财正在院内独自发呆，听见吴焕先对自家的吉凶卜得如此准确，赶紧将吴焕先请到家里好酒好菜招待，又请求吴焕先替自家化灾祛难。吴焕先故作玄虚地说："消灾要回江西请张天师来。"地主送给他5块银元，他随后将钱交给了党组织。

吴焕先以独特的方式，坚持走巷串户宣传革命思想，发动武装斗争。1931年，吴焕先由地方调入部队到前线参加战斗，他更是冲锋陷阵，屡建奇功，采取灵活机动的战略战术，先后在郭家河等地取得了三战三捷的战绩。

1935年5月，为反击敌军"围剿"，吴焕先采取诱敌深入、先拖后打的作战方针，率部每天行军百余里，日夜与敌人周旋，当敌人被拖得晕头转向时，再出其不意狠狠打击敌人。他在袁家沟口伏击敌警备第一旅，以伤亡100余人的代价，取得毙伤敌团长以下300余人，俘敌旅长以下1400余人，缴获轻重机枪40挺、长短枪1600余支的重大胜利。

吴焕先率领红二十五军向西挺进的过程中，突遇山洪暴发，河水陡涨，遭遇敌军的突然袭击。在形势险恶的情况下，吴焕先当机立断，率一部兵力直插敌人侧后，激战中，一颗子弹打中了他的胸部。吴焕先忍着巨大的疼痛，继续指挥部队冲锋，抢占制高点，把敌侧后截成两段。在战斗取得最后胜利的时刻，吴焕先也停止了呼吸。

【精神榜样】

当百姓忍受着封建阶级的剥削，生活在贫困与冷漠的时代时，吴焕先破家济民，让人们看到了人性的善良光辉在闪耀。吴焕先付出了对别人的爱和关怀，也为自己赢得了一生的尊重。人生没有高低贵贱之分，尊重对方也就是尊重自己。真正的善良并非自上而下的怜悯与同情，更不是强者对弱者的无端施舍，而是一种能把万物苍生视为同一高度，并真正去尊重的情怀。吴焕先正是以这样的情怀，为了穷人而去闹革命。

为人民服务，死比泰山重

【模范人生】

张思德在平常给人的感觉是老实木讷，其实他很内秀，工作时肯动脑筋，干一行，爱一行，专一行。抗战期间的延安，冬天要靠烧炭来取暖，张思德所在的中央警卫团一到夏秋季，就要烧木炭以备过冬。

烧炭是个技术活，要经过伐木、找窑、出炭、包装、背运等七八道工序，火候也很重要。张思德为了烧好炭，吃住都在窑边，晚上也要爬上窑顶几次，观察烟色和火候，木炭还没完全冷却，他就顶着高温，用破布包手，站在炭窑的最里边拣木炭。

尽管烧炭这个活又苦又累，张思德却毫无怨言，而且干得非常出色。当地群众烧一窑炭需要 10 天，他只需 7 天就能烧一窑上好的炭。组织上曾三次派他去烧炭，他每次都超额完成任务。

张思德不仅炭烧得好，编草鞋也是一绝。部队转战关中强行军，很多战士的鞋掉了帮，磨穿了鞋底，只好用绳子绑着走路，在行军的过程中许多人扎烂了脚。张思德就利用行军间歇，用马刀割马蔺草带在身上。晚上宿营后，他顾不上休息，一连打了 3 双草鞋，第二天，把草鞋送给了 3 位战士。后来很多人从张思德那里学会了用马蔺草打草鞋，保障了部队的行军。

1943 年初春，组织选派张思德到毛主席身边的内卫班当警卫战士。为了不影响毛主席休息。张思德发明了"控绳拉铃"的通信方法，在院子的树上系一根细绳子，绳子的一端通向警卫班宿舍，里面挂一个小铃铛，如果毛主席这边发现情况，只要哨兵一拉绳子，警卫班就可以立即出动，又不会打搅毛主席休息。

张思德不仅在工作上肯动脑筋，打仗也很勇敢，在战斗中浑身是胆。有着"小老虎"之称的他跟随红四方面军退出川陕根据地，开始长征，其间3次过草地，因表现突出，进入有"钢盔团"之称的中央警卫团直属警卫队。

警卫连刚成立时，班里好几位同志病重，卧床休息，张思德就像亲兄弟一样照顾患病的同志。晚上站岗，他经常连站两班，让患病的同志多休息一会儿。他虽是副班长，负责班里的内务卫生，可他很少命令其他同志做这做那，而是自己动手，以自己的模范行动影响和带动大家。班里的水用完了，他就去打水；地脏了，他就去扫地。他的手巧，补衣服、打草鞋都很在行，一有空就帮同志们缝缝补补，一天到晚总是闲不住。在班务会上，大家表扬他，他说："我的病轻，多干点没啥。"

1944年年初，张思德响应党中央大生产运动的号召，主动报名到安塞县烧木炭。9月5日，天下着雨，他带着突击队的战友们照常进山赶挖新窑。中午时分，炭窑在雨中发生崩塌。危急时刻，张思德一把将战士小白推出窑口。战友得救了，张思德却献出了年仅29岁的生命。

毛泽东主席在张思德的追悼会上深情地说："我们的队伍里到处是这样的人，普通、平常，像清凉山上的草一样，我们不注意到他们，往往也听不到他们的声音，可正是这些人支撑了我们的事业……"

【精神榜样】

张思德在战斗部队打过仗、负过伤，在大生产运动中纺过线、烧过炭；从战士到班长，再从班长到战士，他干一行爱一行、专一行的高尚品质十分可贵。"知之者不如好之者"，一个人总不能无所事事地终老一生，应该试着将自己的爱好与所从事的工作结合起来，无论做什么，都要真心热爱自己所做的事，要带着一种高度的责任意识。

华侨旗帜，民族光辉

【模范人生】

陈嘉庚早年随父亲陈杞柏在新加坡经营"顺安号"米店，后因米店歇业，陈嘉庚便开始自立门户，走上了创业的道路。他首先开设了"新利川黄梨厂"，又继承遗产"日新公司"。由于经营有方，获利丰厚，他又涉足橡胶种植业。

经过 20 年的发展，陈嘉庚的产业以橡胶园，生胶厂和胶品制造厂 3 个产业发展为主。另外，他还经营菠萝罐头、冰糖、肥皂、药品、皮革等 10 余种产业，其经济势力称霸整个马来西亚半岛。

陈嘉庚致富后首先想到的是兴学报国。他说："国家之富强，全在于国民，国民之发展，全在于教育，教育是立国之本。"

1913 年，陈嘉庚在家乡集美创办小学，以后陆续办起师范、中学、水产、航海、商业、农林等校共 10 所；另设幼稚园、医院、图书馆、科学馆、教育推广部，统称"集美学校"。其规模这样宏大，体系这样完整的学校，全国找不到第二个。

1921 年，陈嘉庚创办了厦门大学，设有文、理、法、商、教育 5 院 17 个系，这是一所华侨创办的唯一大学，也是全国唯一独资创办的大学。陈嘉庚独力维持了 16 年。后来世界经济不景气严重打击华侨企业，陈嘉庚面对艰难境遇，态度仍很坚定地说："宁可变卖大厦，也要支持厦大。"后来，为了维持厦大，他真把自己的 3 座大厦卖了。

陈嘉庚对兴学育才竭尽全力，自己的生活却非常俭朴。他为集美和厦门大学兴建数十座雄伟的高楼大厦，自己的住宅却是一所简朴的二层楼，既小又暗，办事不便；床、写字台、沙发、蚊帐等都是古老的，但他十分怡然。

晚年，他为自己规定低的伙食标准，即每天五角钱，经常吃番薯粥、花生米、豆干、腐乳加上一种鱼。他身体力行的座右铭是："应该用的钱，千万百万也不要吝惜；不应该用的钱，一分也不要浪费。"

正如他在个人自传中写道："我之个人家庭，年不过数千元，逐月薪水足以抵过。在集美建一住宅，不上一万元，他无所有。"

陈嘉庚虽身处南洋，但一直心系中国，积极支持中国内地革命活动。在1910年加入同盟会并积极支持孙中山的革命活动。辛亥革命后，陈嘉庚担任福建"保安会"会长，筹款支援福建，稳定了当地局势。

济南惨案发生后，陈嘉庚积极筹款救济难民，南洋华侨掀起了声势浩大的声援运动。战争全面爆发，他在新加坡成立南侨总会，带头捐款，还组织各类活动，仅1939年一年，南洋华侨就向祖国汇款3.6亿多元，极大地支援了中国内地抗日力量。

陈嘉庚坚持抗日到底，针对汪精卫等人的妥协方案，在国民参政会第二次大会上提出"敌未出国土前，言和即汉奸"的著名提案。此举振奋了全国人民和广大海外侨胞的心，对当时重庆的主战派起着很大的鼓舞作用。

国共内战爆发后，陈嘉庚反对美国援助蒋介石，以南侨总会主席的名义致电美国总统和国会表示抗议，并且抵制蒋介石召开的国民大会，指出蒋介石"一夫独裁，遂不惜媚外卖国以巩固地位，消灭异己，较之石敬瑭、秦桧、吴三桂、汪精卫诸贼，有过而无不及"。

1947年，又组织"新加坡华侨各界促进祖国和平民主联合会"，积极声援民主党派关于制止内战的斗争。1949年，陈嘉庚应毛泽东的邀请，以华侨首席代表身份参加中国人民政治协商会议，并参加了中华人民共和国开国大典。

【精神榜样】

当民族成败存亡、千钧一发之际，陈嘉庚不惜牺牲金钱，殚精竭虑而为之。天空中那颗"陈嘉庚星"的光芒照耀着苍茫大地。他一生俭朴生活，奔走海外，含辛茹苦数十年，却致力于兴学救国、援资抗战，其影响远远超出了国界，他的精神如同一面鲜红的旗帜在海内外迎风飘扬。

强硬如钢铁的红军将领

【模范人生】

1924 年 10 月，周逸群入黄埔军校第二期学习。在学校，他积极从事青年军人运动的宣传和组织工作，先后创办了《青年军人》《中国军人》等刊物，显示出卓越的组织和宣传才能，被称为"黄埔岛上的一颗新星"。

周逸群进校时就有一个愿望："有机会可以拜见中国革命的先行者孙中山。"于是，他与贵州同学李侠公商量，决定联名写信给孙中山先生要求接见。他连夜给孙中山写了一封信，并让李侠公、蒋先云等同学签了名，第二天就把信连同他主编的几期《火星社》和《贵州青年》杂志给孙中山先生寄去了。信投了出去，周逸群心里一直忐忑不安，不知自己的这个愿望能否实现。

第四天上午，周逸群收到了孙中山先生的亲笔回信。他激动得眼角都潮润了，忙去告知李侠公、蒋先云等同学。下午 3 点整，孙中山先生神采奕奕地在庄严的元帅府里亲切地迎见了周逸群、李侠公、蒋先云等几位联名写信的同学。

孙中山先生同大家握过手后，亲切地问："你们中哪位是周逸群？"周逸群马上站了起来，恭敬地一躬身，答道："学生就是！"孙中山见周逸群眉清目秀，一表人才，既有军人风度，又有文人气质，不住地微笑着点头。周逸群随即向孙中山汇报了日本留学界对国民党改组的种种看法。

应大家的要求，孙中山先生给大家进一步讲解了"联俄、联共、扶助农工"三大政策的新含义。孙中山拿着《贵州青年》翻阅，指着周逸群写的一篇题为《三民主义与贵州》的文章，赞扬他抓到了问题的要害，并指出，解释三民主义，必须依据国民党改组后第一次代表大会宣传的精神，不能离开三大政策。

孙中山先生给周逸群等同学讲了当前形势，并让他们发表自己的看法。他们说出了自己的见解，受到孙中山先生的肯定与称赞。会见后，孙中山还特意设便宴招待大家，又派车送他们回军校。

周逸群中学时期就博览群书，尤其喜爱中国历史，崇拜著名历史人物。他的作文《诸葛亮辅汉于蜀论》被评为全校优秀文章，刊于《南明杂志》。周逸群还以极大的爱国热情，投入反对袁世凯复辟帝制的斗争，拥护贵州独立，被喻为"有抱负的青年"。

1919 年，周逸群东渡日本，进入东京庆应大学攻读经济学。不久，国内爆发了伟大的五四爱国运动，以周逸群为首的留日学生纷纷组织起来，举行声势浩大的集会游行，声援国内反帝反封建斗争。

1924 年年初，周逸群回到上海与恽代英一起，以笔作武器，在上海《新建设》上发表《革命与统一》等文，歌颂党的统一战线和孙中山的民主革命思想。5 月，创办《贵州青年》，宣传革命思想，唤起青年觉悟，受到团中央的重视和萧楚女的推崇。10 月，周逸群投笔从戎，进入黄埔军校第二期学习，并受到孙中山的亲切接见和高度赞扬。后担任中共黄埔军校特别支部宣传委员，成为周恩来的得力助手。

1928 年，周逸群与贺龙在湘西北地区举行桑植起义受挫后，深入农村发动群众，组织游击队、赤卫队，在洪湖、白露湖和华容东山一带开辟了若干块游击根据地。1929 年春，周逸群把江陵、监利等县游击武装整编成鄂西游击大队，后扩编为鄂西游击总队，兼任总队长，领导鄂西地区军民，运用"你来我飞，你去我归，人多则跑，人少则搞"和"分散以发动群众，集中以应付敌人"等游击战术，挫败了国民党军及地主武装的多次"清剿"。

1931 年 5 月，周逸群由洞庭湖特区返回江北汇报工作，途经湖南岳阳贾家凉亭时，遭国民党军伏击，不幸壮烈牺牲。时至今日，洪湖人民仍然传唱着这样一首歌谣："洪湖水上长莲苔，莲苔年年把花开，莲花时开时又谢，烈士鲜花永不败。"表达对周逸群的无限哀思。

【精神榜样】

周逸群用高度的责任感实现了"只要我一天活着，我就一天不停止党的工作"的诺言；他用顽强的战斗精神与坚定不移的革命意志，诠释了"我们共产党员，要像铁一样硬，钢一样强"的含义。无论历史如何变幻，回首英雄走过的人生历程，心中便油然升腾起一股悲壮感和使命感。

中国人民的美国朋友

【模范人生】

1928 年，斯诺以一名记者的身份来到中国，他踏遍中国大地进行采访报道。在上海，他结识了宋庆龄和鲁迅，并在他们的指引下引发了对记录中国人民苦难与向往的中国新文艺的兴趣。

斯诺是一个正直的美国人，爱好和平，主持正义，他十分关切中国的命运，热情支持和保护学生的爱国热情。当时，燕京大学是中共领导学生运动的重要阵地，斯诺积极参加燕大新闻学会的活动，一二·九运动就是在他的发动下组织起来的。他家也是许多爱国进步学生常去的场所，地下党员们在斯诺家里商量了一二·九运动的具体步骤。北平沦陷后，斯诺在自己的住所里掩护过不少进步学生，帮助他们撤离北平，参加抗日游击队或奔赴延安。

1936 年 6 月到 10 月，在宋庆龄的帮助下，斯诺访问了陕甘宁边区并采访了毛泽东、彭德怀等红军领导人及普通的红军战士。他的感情由此也发生了巨大变化，他深深地感到："中国在这最紧急的时刻，找到了民族最伟大的统一，找到了民族的灵魂。"采访回来后，他在北京写成 30 万字的《西行漫记》，引起极大轰动。

七七事变爆发，斯诺在北平南苑目睹了中日战争的开端。他在参加日军召开的一次记者招待会上，大声质问："为什么要在中国领土上进行军事演习？为什么借口士兵失踪动用大兵？为什么侵略者不撤兵回营，反叫中国守军撤出宛平？"他这一连串的问题，问得日军新闻发言人狼狈不堪，无法正面回答，只得仓促宣布记者招待会结束。

面对日军大肆搜捕、迫害中国的抗日爱国人士和革命青年无耻行为。斯诺参加了在北平的援华社会团体，积极掩护和帮助中国的爱国者，使他们免遭日军捕杀。斯诺的公寓成了抗日爱国分子的避难所，他热情地帮助这些避难者化装成乞丐、苦力和小贩逃出北平。

1941年，斯诺回到美国后，仍然向美国人民和世界人民宣传中国的抗日战争。他说："我依然赞成中国的事业，从根本上说，真理、公正和正义属于中国人民的事业，我赞成任何有助于中国人民自己帮助自己的措施，因为只有采用这种方法，才能使他们自己解救自己。"

由于和中国共产党的密切交往，斯诺在美国遭到麦卡锡主义的迫害，在学界和媒体圈也备受指责，在美国处境艰难。1959年，斯诺举家移居瑞士日内瓦，但他仍然关注中国社会主义革命和建设。

新中国成立之后，斯诺意识到缓和中美关系的时刻到来了，而自己可能有助于建立起一座中、美两国的友谊桥梁。他经过种种波折终于获得了访华的签证。1960年，斯诺来到了北京，他向毛泽东表达了中美关系复苏的希望："前途是艰险的，但桥梁能够架起，而且最后必将架起。"

1964年，斯诺以法国《新直言》周刊记者身份再访中国，回国后自费完成纪录片《四分之一的人类》，向美国人介绍中国伟大的革命历程。

1970年秋天，斯诺和夫人洛伊斯·惠勒又一起来到中国，并于10月1日在天安门城楼上和毛泽东主席亲切交谈。随后，斯诺发表了《我同毛泽东谈了话》《周恩来的谈话》等文章。他在文章中透露了中国领导人毛泽东曾告诉他的话："如果理查德·尼克松访问中国，无论是以旅游者的身份还是以总统的身份都会受到欢迎。"

1971年4月，美国白宫发言人在新闻发布会上表示，尼克松总统已经注意到斯诺文章所传达的信息，他希望有一天能访问中国。

1972年2月15日，斯诺在瑞士病逝。他留下的遗嘱是："我爱中国，我愿在死后把我的一部分留在那里，就像我活着时那样……"

1972年2月21日，尼克松的专机从美国起飞踏上中国之旅。

【精神榜样】

　　斯诺以一个外国记者的身份，冲破了国界阻碍与新闻封锁，历经艰险，到陕北采访所谓"大逆不道"的共产党人。他扛起透视人生的聚焦镜去远望，用纸和笔诠释了历史的真谛。他是一个甘守寂寞、敏锐冷静的观察家；他是站在风口浪尖揭露事实真相的拓荒者；他是不畏艰险、不惧权贵捍卫公平正义的勇士；他把世界和平当作使命，缓解了两个国家的紧张关系。

中国上空的友好神鹰

【模范人生】

抗日战争全面爆发后，日本侵略者凭借空中优势，对中国抗日前线和后方狂轰滥炸，掌握着制空权。中国空军奋力迎击，但终因飞机少，实力弱，损失惨重。苏联为了援助中国人民的反侵略战争，派库里申科率两个"达沙式"轰炸机大队和他的战友们来到中国成都，配合中国空军同日军作战，并负责训练中国飞行员。

1938 年冬天，日本侵略军占领了中国广州、武汉，抗日战争进入了战略相持阶段。格里戈里·库里申科和他的战友们与中国人民并肩作战。他给妻子的家书中这样写道："我调到东方的一个地区工作，这里人对我很好，我就像生活在家乡一样。"

面对日军对中国人民的残酷轰炸，库里申科曾充满感情地对翻译说："说实话，我像体验我的祖国的灾难一样，体验着中国劳动人民正在遭受的灾难，我每当看到日本飞机炸毁的建筑和逃难的人群就难过。日本人为什么要来轰炸在大路两旁的田里安详恬静地劳作着的中国农民呢。中国人要敌人付出多倍的代价，要敌人在中国人的打击下仓皇逃命。"

在这艰苦的岁月里，库里申科以朴素、坚实、谦逊、热情和对工作忘我的态度，把自己当作中国空军的战斗成员，严格要求自己模范地遵守军事纪律。他不知疲倦地向中国飞行员详细讲解飞机性能、特点，并把先进的操作技术无私地传授给他们，赢得了当时中国飞行员的尊敬和高度赞誉。

1939 年 10 月 14 日下午，库里申科奉命带领由他训练的中国飞行员，驾驶"达沙式"远程重型轰炸机，从成都军用机场出发，飞往武汉出击日寇某军事基地。他率队驾机迅速沿扬子江飞去，飞机飞到武汉上空，库里申科测准地面目标，立即下令投弹。一枚枚炸弹在日寇的军营、炮兵阵地、兵工厂里炸开了花。霎时，武汉三镇火光冲天，硝烟弥漫，日寇的战斗机慌忙起飞截击。

一场激烈的空战展开了，库里申科沉着地指挥机群，对敌机展开攻势，6 架敌机被击落。凶恶的敌人妄图摆脱垂死的命运，以 3 架米式战斗机包抄库里申科的领航机，他的飞机遭到重创，单机冲出重围，使用右边的一个发动机沿着扬子江向驻地飞返。到达万州上空时，机身因失去平衡，无法控制。

为了飞机免遭破坏，库里申科用高超的技术操纵飞机，强行降落，平稳降落在扬子江心，机上的轰炸员和射击员跳水游到岸上。而库里申科由于经过几小时激烈战斗疲劳过度，再也无力跳出机舱。赶来抢险的群众全力以赴地把飞机打捞上岸，人们发现机舱里的库里申科由于疲劳过度，早已停止了呼吸。

重庆市万州区人民将库里申科的遗体安葬在风景秀丽的万州区西山公园，并募捐数万元购买了一架飞机，命名为"库里申科"号，于 1951 年春，飞赴朝鲜前线作战。

1958 年国庆前夕，周恩来总理对特邀前来参加国庆活动的库里申科的家属说，中国人民永远不会忘记格里戈里·库里申科。

【精神榜样】

库里申科顾全大局、以身殉职的行为，正应了中国古人所说的"天下有道，以道殉身；天下无道，以身殉道"这句话。也许库里申科认为天下的道应该是世界的和平，人民的安康。于是，他忠于职守甘愿以身殉道，这种伟大的精神赢得了世界的尊重。

第五章

责任是对自己做的事情有一种爱

 大兴安岭的"造林女杰"

【模范人生】

26 岁的张克福刚到林场工作的时候还不是正式职工，只是想有个活干，不想在家吃"闲饭"，只是她没有想到这一干就是 37 年，从漂亮媳妇变成了沧桑老人。

张克福从来不认为造林就是挖个坑埋上就可以了，她更注重的是造林成活率，她想尽一切办法提高造林质量。1979 年，林场家属队接受了 600 亩造林任务，她一次次往懂技术的技术员家里跑，请技术人员对造林队伍进行专项技术培训，她很快掌握了"三埋、两踩、一提苗"的示范动作，然后她马上教会了林场家属队。大伙起早贪黑苦干了 20 天，10 万多株苗木在春造季节提前植完，当年成活率达 95%。如今这片林木高达 7~8 米。

1989 年秋季，林场把 2300 亩"天保人促"任务交给了张克福。受季节的限制，这项工作不能早也不能晚，必须在 8 月中旬至 9 月中旬完成，时间紧、任务重。张克福没讲任何条件，带领家属队伍进入了林地内。他们每天要干十几个小时的活，没有任何怨言，经过一个多月的艰苦奋战，终于保质保量地完成了任务。国家林业部前来检查，合格率达 100%。

张克福带领林场家属队踏遍了绣峰林场的沟沟岭岭，最多时每人一天要栽 3 亩丰产林，清林一天也要清一亩地。他们经常要忍受零下 30 摄氏度的严寒，不是被滑倒，就是被木头磕着碰着，身上经常是青一块紫一块的。即使这样，这位 60 岁的老人仍然在大山深处坚持着。

【精神榜样】

张克福把林场当作自己的家，不畏艰难困苦，始终为创造更大的价值而努力。带着责任感去从事一项工作，你会觉得工作不再是一种负担，而且会充满乐趣。在各种各样的工作中，当你发现那些需要做的事情——哪怕并不是分内之事时，也就意味着你发现了超越他人的机会。你把工作当成自己的事业，需要你付出的是比别人多得多的智慧、热情、责任、想象力和创造力。这一点，同学们走上工作岗位应该牢记。

每天早下井一小时的采煤工

【模范人生】

赵国峰，河北开滦矿务局唐山矿的一名普通矿工。他就像一块煤，一块正熊熊燃烧的煤，心甘情愿地燃烧着自己，给别人带去温暖。他28年如一日坚持在井下采煤，攻克了一个又一个技术难题，谱写了一曲又一曲人生赞歌。

一个人的能力总是有限的，但下面一组数字真实地记录了一个新型矿工的无私奉献：赵国峰在井下工作28年，28个春节都是在井下采煤岗位上度过的。28年中，他每天坚持提前一小时下井，测量技术数据，做好开工准备，奉献工时达15851个。28年中，为技术攻关、技术革新，研究创造先进操作法，他奉献在岗位上的轮休日、节假日达726天。28年中，他奉献的工作日仅按一般效率的采煤司机计算，也为国家为企业多出煤27.46万吨，能装满载重60吨的车皮4500多节，可在铁路上排出60多公里。

赵国峰所在的唐山矿是个百年老矿，地质条件复杂。"边角余煤"在储量中占有很大比重，开采这些煤只能用工艺落后的"落垛式采煤"或"分层采煤"，不仅劳动强度大、生产效率低、成本投入高、资源回收率低，而且造成质量难控制、安全生产无保证。要是丢掉不采，不仅浪费了资源，而且缩短了矿井的寿命。但是继续采下去投入的大，产出的少，就会危及企业的生存。虽然，"轻型放顶煤采煤新工艺"及其设备的问世为解决这一课题带来了一线希望，但当时并没有成功的经验可供借鉴。关键时刻赵国峰挺身而出，决定背水一战。

在工作面推进中，底板下山角度突然加大，会出现影响生产安全和生产进度的问题。为攻下这个难关，赵国峰每天连上两个班，边操作边画图，研究解决办法，累得在井下发起高烧。工友们强行把他送到医院，一量体温39.5摄氏度，大夫立即给他打上了点滴。一觉醒来，高烧略退，他猛地坐起来，乘护士不在，自己偷偷拔掉输液针，赶到矿内，换上工作服又下了井。最后他用"台阶式推采法"解决了下山角度大的难题。赵国峰心里总是装着这样一组公式：大干苦干是加法，巧干创新是乘法，传思想、传作风、传技术，影响和带动大家一起干那是"乘方"。

赵国峰在勇闯采煤技术难关的同时，还不断地学习文化知识，提高自身的技术素养。他熟练地掌握了采煤工作面每个工种的操作技能，持有每个工种的操作合格证，成为一名一专多能的高水平技术工人、全矿享受很高名望和影响的"土专家"。

【精神榜样】

赵国峰用实际行动诠释了阿尔伯特·哈伯德的话。阿尔伯特·哈伯德说："自动自发就是没有人要求你、强迫你，自觉而且出色地做好自己的事情。"那些成功者一次又一次告诉我们，无论事情简单还是复杂，是自己感兴趣的还是不感兴趣的，他们都保持了一种主动的心态。主动本身就是一种特殊的行动，是一种美德，是一种责任感。

❤ 办公室就在田间塘旁

【模范人生】

50 岁的党员张福芸老大姐，是天津市津南区畜牧水产局水产技术推广站站长。从天津农学院水产系毕业至今，24 年来她一直坚持在水产技术推广一线，将所学的专业知识无私奉献给津南区的养殖户们。全区 200 多户养殖户都有她的电话，她 24 小时不关机，随时可以向她咨询技术。需要到现场的，她也一定会想办法及时赶过去。因为她知道，耽误一分钟，都可能影响到养殖户一年的吃穿收入。

津南区的特色养殖在她的推动下迅速发展。1987 年，张福芸发现这个区的养殖水面大多是大路品种，经济效益低下，于是她主动承担了"河蟹池塘养殖试验"项目，在 1.5 亩池塘内进行试验并取得成功，精养蟹池亩产达到了 100 公斤以上，取得了一套河蟹池塘精养的技术经验，突破了池塘人工养蟹过程中蟹苗成活率低的技术难题。

2000 年，养淡水鱼效益不好，增产不增收，不少养殖户都很失望。又是张福芸不畏困难，找出了解决办法。她根据津南区水质情况，大胆提出将南方海水养殖的南美白对虾淡化后本地养殖。当年 6 月，她从福建引进了 10 万尾南美白对虾虾苗，进行海虾淡养试验获得成功，并且填补了天津市海虾淡养的空白。

20 多年来，张福芸为津南区农民先后引进了南美白对虾、锯缘青蟹、彭泽鲫鱼等 10 多个品种，这些鱼虾蟹质好价格高，而且适应了本地的生长环境。10 多个规模化养殖程度高、产业前景好的新技术直接为当地农民带来了上百万元的经济效益。鲜虾活蟹不但给津南区的养殖户带来了可观的收入，也促进了当地农业结构的调整与都市农业的发展，为天津农民的增收开辟了一条新路。

每年2月至10月，她一直忙于测量、调节水质，全程监控投放幼苗到苗体各个成长阶段，根本没有节假日的概念。而高温高湿的季节，正是水产养殖病害的高发期，所以天越热、日头越毒，张福芸越得往外跑。她头戴遮阳帽，满头大汗的形象，在当地农民心里留下了深刻的印象。

张福芸是个风风火火的人，尽管已是知天命的年纪，但是依然行事麻利。20多年来，她一心扑在养殖事业上，经常忘记自己和家人的生日，也记不起家里该买的牙膏、洗衣粉，但她能准确地说出津南区哪个养殖户的池塘有多大面积，水质如何，放养什么苗。在这里，她有一大批农民朋友。在津南区，大家都亲切地称她"鱼医生""点燃水产事业火种的人"。

【精神榜样】

张福芸面对每一天的工作时，都是用一种最佳的精神状态。充满责任感，富有感染力。责任感是一种能够把我们全身的每一个细胞都调动起来的力量，可以使我们不畏艰难地完成所有高难度的工作。一个对自己工作充满责任感的人，无论面临的困难是多么大，或是质量要求多么高，他都会始终一丝不苟、不急不躁地去完成它。

机车 110 正在行动中

【模范人生】

王伟东，哈尔滨机务段佳木斯整备车间主任。他享有机车"110"的美誉，王伟东，一天最多能接 12 个求助电话。就是这样一个怀揣着一张初中文凭的"老司机"，经他指导处置的机车故障数不胜数，他亲手处理的故障达 300 多起。保证佳木斯机务段线上 83 台运用机车的安全畅通，成为名副其实的"机车专家"。

现年 41 岁的王伟东，在铁路战线工作了 18 年。走近王伟东，他身上那种昂扬向上、永不服输的劲头给人印象深刻。

凭着这股不服输的精神，王伟东从一名司炉工一步步成长为优秀的管理者。1988 年从部队转业到原佳木斯机务段当司炉后，他勤学苦练，靠过硬的蒸汽机车焚火技术，为原佳木斯机务段争得多项荣誉。1992 年被破格提职副司机，1996 年又考上了机车司机，第二年成为全段第一批转型的内燃机车司机。由蒸汽机转为内燃机，不懂的东西太多了，当时作为司机的王伟东开始"啃"起了枯燥的内燃机车理论，"钻"进了密如蛛网的电路图中。人们经常能在下班后看到，王伟东捧着书本在车上一个部件一个部件地对照着看，一看就是老半天。知识给了王伟东无穷的智慧，几年间他就摸清了内燃机车这位"亲密战友"的脾气秉性，只要听一听、看一看、摸一摸，基本就能诊断出机车哪里出了故障，然后想出解决办法来。2003 年，业务精湛、乐于助人的王伟东走上了管理岗位，他把机车检查程序编成顺口溜教给同事们，培养出一批又一批业务精英。这些被称为"尖子兵团"团员的人们，目前正活跃在我国漫长的铁道线上。

他理论联系实际，整理编写了《机车应急故障处理 50 条》《内燃机车区段作业标准》等 6 本书，其中《东风 4 型内燃机车"五大病害"防止措施》《平地模拟一次乘务作业标准》，已在哈尔滨铁路局推广。

王伟东说，身为铁路人，要时刻牢记"企业是家，岗位是根，奉献是魂，敬业是本"的誓言，让自己在奉献祖国的实践中实现人生价值。

【精神榜样】

勤奋刻苦是对责任感的最好注解。要想在这个时代脱颖而出，你就必须付出比以往任何时代更多的勤奋和努力，拥有积极进取、奋发向上的决心。亚历山大曾经说过："虽有卓越的才能，而无一心不断的勤勉、百折不挠的忍耐，亦不能立身于世。"成功人士们都知道"无限风光在险峰"，只有努力攀登，才能达到"一览众山小"的境界。

"微笑天使" 邓红英

【模范人生】

在广西柳州市，公交公司第三分公司驾驶员邓红英就像她的名字一样"红"，因为每一天，她坚持用微笑迎送每一位南来北往的乘客，周到、热忱的服务广赢赞誉，被乘客们称为"微笑天使"。曾有人说邓红英，扶老人上下车，扶得了一天，不一定扶得了一个月；对乘客微笑服务，笑得了一天，不一定笑得了一年。然而，这两件"不一定"的事，至今她已坚持做了整整18年。

邓红英长年跑的19路是城区的主要线路，老、弱、病、残、孕等特殊乘客比较多。为了让这些特殊的乘客感到温暖，邓红英总结"八个一"特色服务：一言一语暖乘客心坎，一心一意为乘客着想，一举一动对乘客负责，一点一滴解乘客所难。为了营造宾至如归的氛围，邓红英还在车上设置了时钟、意见簿、小药箱、雨伞、卫生筐、报纸、指路卡等，尽最大努力为乘客提供方便。仅2004年至2005年，她就做好人好事154次，收到乘客代表和群众的表扬信92封（次）。

作为一名公交驾驶员，邓红英明白，自己仅有驾驶车辆的技术和为乘客服务的热情是不够的，还必须有过硬的驾驶技能和车辆维护技术。邓红英在休息的时候，便会跑到车间学技术，虚心向修理师傅请教，并亲自钻车沟，清洗油箱、调修油电路，如今她的维修水平得到了大幅度提高，较系统地掌握了修保的基本经验和汽车的基本构造。她能非常利落地完成拆装汽车分电器、清洗化油器等一般驾驶员很难做到的动作，对车辆运行中出现的修保问题能独立解决。她所驾驶的3308号车的技术状况在全站名列前茅，车组从未因车辆故障影响过营运生产。在 2003 年至 2004 年度，她安全行驶 11.2 万公里。

为了更好地服务乘客，她不仅将本线路的沿途站点和地理做到了如指掌，而且还经常利月业余时间走访线路厂矿、机关、商业区及四大公园景点进行调研，做到乘客有问必答、有求必应，被乘客们誉为"活地图"。

【精神榜样】

对于每个人来说，凭借责任感，可以释放出巨大的潜在能量，发展出一种坚强的个性；凭借责任感我们可以把枯燥乏味的工作变得生动有趣，使自己充满活力，培养自己对事业的狂热追求；凭借责任感，我们可以感染周围的人，让他们理解你、支持你，拥有良好的人际关系；凭借责任感，我们夏可以获得社会的肯定和重用，赢得珍贵的成长和发展机会。

"生命禁区"的测天人

【模范人生】

他与冰天雪地为伍，和疾风缺氧做伴，他在全国海拔最高的沱沱河气象站——被称为"生命禁区"的气象站做气象观测员，他就是王永福。王永福及时、准确地为国家收集了无数个珍贵的气象数据，实实在在地呈现出了人生的真谛和价值。

沱沱河气象站工作的地方生活条件特别差，吃水要到河里去砸冰，用电每天也只有两三个小时。而气候条件也非常严酷，冬天的大风时常将地面风向标上的风杯吹掉。每次遇到这种情况，王永福总是不怕劳苦，爬上10多米高的杆子将风杯重新安置好。在零下30摄氏度的寒夜里，王永福手上的皮肤经常会被冻伤，但他从来没有怨言。

随着气象现代化建设步伐的加快，最近这几年，一批先进设备和观测系统相继在沱沱河气象站投入使用。中专毕业的王永福觉得自己学识不足，他为自己和全站职工制订了详细的学习计划，一起刻苦钻研，以确保各种设备按期投入业务运行。另外，他还组织临时工作人员开展业务培训，通过集中学习、个别辅导和专人带班等形式，提高他们的业务技能，把自己的经验毫无保留地传授给气象站的同事们。

2003年12月，王永福服从组织的安排，又来到条件艰苦的小灶火气象站工作。小灶火气象站属于国家二类艰苦站，从格尔木市区行车4个小时才能到达。15年来，王永福送走了一批又一批比他早来的同事，也送走过比他晚来的年轻同事，自己一直默默坚守在高原小站，奉献着自己的青春。在严寒、风沙和寂寞中，度过了一天又一天、一年又一年，获取了无数个准确的气象数据。

【精神榜样】

　　积极主动是责任感的一种表现。只有主动的人才可以得到赏识，主动是通向成功的通行证，当你积极主动地面对学习和工作的时候，你就能从中学到更多的知识，积累更多的经验，就能从全身心投入的过程中找到快乐。如果你想登上成功之梯的最高阶，你就要永远保持主动。即使你面对的是毫无挑战、毫无乐趣的任务，如果你能够积极主动地去完成，最终必将获得回报。

消防队里的"火凤凰"

【模范人生】

脱下军装的杨丹，你怎么也不会想象她竟是一名飒爽英姿的女消防指挥员。1999 年，中国消防史上出现了一个先例：23 岁的哈尔滨姑娘杨丹要当国内第一个女消防员！5 年多的火场拼搏，她赢得了"军中火凤凰"的美名。

城区消防官兵不仅要有过硬的军事素质，还要熟知所管辖区内单位、街道、商场。为了尽快进入角色，杨丹每天都要和战友们一样参加一定强度的训练。从此以后，中队附近的居民就能时常看到高高的训练塔楼上，闪动着一个消防女兵的英姿。休息时她串大街走小巷熟悉情况，下到基层一个月，她没有回过家。

杨丹有在野战部队训练的基础，经过一段时间消防一线的训练，很快在基层军事比武中脱颖而出，她的军事项目考核在所有考核人员中名列前茅，使许多男性指挥员汗颜。

水火无情。杨丹说她至今还记得第一次参加救火的情景。那是 2000 年国庆节那天，凌晨 1 时，她和战友们接到命令来到一面街，一家橡胶厂车间发生火灾，当时大火映红了半边天。面对肆虐火焰，杨丹率先举起水枪，对准狂舞着的火舌射出高压水流，这是她第一次实战，她紧握水枪的手被震得剧痛麻木，水枪险些从手中脱落，此时她咬紧牙关，一面抱紧水枪指挥战友占据有效位置，一面奋力将水柱射向火舌。两小时后，大火被扑灭，当她摘下头盔露出长发时，围观的群众才发现在救火的消防官兵中还有这样一位勇敢的女性，大家不禁为她鼓起了掌。

有一次加油站起火，杨丹和战友们奉命前去增援，熊熊燃烧的储油罐随时都有爆炸的危险，特勤中队赶到后提出用化学泡沫灭火，现场指挥员命令人员撤离到一公里以外，特勤中队负责灭火。在生与死的考验面前，杨丹和战友们战胜了大火，保住了国家财产。

杨丹在哈尔滨有一个温暖舒适的家，但她一年四季都难得回家。她的母亲说：女儿到特勤中队6年了，娘儿俩至今没有在一起逛过街，孩子把整个心思都用在消防工作上了。杨丹把人生最美的青春献给了消防灭火事业，她的回答铿锵有力：因为热爱。只有热爱才会付出；是战士，就要冲锋陷阵；干消防，就要赴汤蹈火。

【精神榜样】

一个人想要获得成功，就必须改变自己对事物的态度，无论什么事情都必须竭尽全力。因为一件事情的意义绝不是事情本身，它往往能决定你日后更大事业的成败。一个人一旦领略了全力以赴工作能消除辛劳这一秘诀，他就能掌握打开成功之门的钥匙。

航标灯永不熄灭

【模范人生】

王炳交，作为新一代航标工人的优秀代表，他有着高度的主人翁精神和高度的责任感，一心扑在工作上；作为灯塔的带头人，严格要求自己，在工作、学习和社会生活中发挥先锋模范作用，为航标事业作出了自己的贡献。

他独守孤岛 30 年，这已足以令人敬佩；而在孤独中创造价值、享受快乐，则更引人赞叹。

他工作所在的团岛灯塔，地处青岛港咽喉部，这里是船舶进出青岛港的必经之地。德国侵占青岛后于 1900 年建造了这座灯塔，至今已有 100 多年的历史。进出青岛港的船舶都要依靠它定位、导航和转向，其安全助行地位十分明显。面对青岛港航运事业飞速发展的新形势和这座灯塔所担负的光荣使命，作为灯塔的负责人，他深知责任重大，像爱护眼睛一样精心呵护灯塔，做到"准确助航，及时保障"。

团岛灯塔的雾号设备老化严重，早已超过正常使用年限，给灯塔的正常发讯造成了很大的困难。从改造雾号开始，王炳交对这些"超期服役"的设备进行了全面维修。雾号是团岛灯塔的重要组成部分，遇到大雾和暴风雨等能见度极差的恶劣天气时，船舶就会根据它的鸣叫来判断灯塔的位置。改造雾号遇到最大的障碍是：该设备在国外已经被淘汰，既无图纸也无配件，技术改造无从下手。在寂寞的孤岛上，王炳交的"革新之旅"悄无声息却步履坚定地开始了：没有现成的图纸可以借鉴，他就在线路上贴上白胶布编上号码，一点一点地拆，再根据标志和画好的草图进行重新组装，经过两个多月的艰苦攻关，他终于查清了繁杂紊乱的线路，改造模式也在他脑海中初具雏形，有了大致轮廓。紧接着，他又攻克了一个又一个的技术难关……终于这台"老古董"再一次迸发出青春活力。

多年来，团岛灯塔的发光、发声、发讯率及维护正常率几乎年年都超过了部颁标准，保持在100%，这得益于他对灯塔所倾注的满腔情感，像爱护自己的眼睛一样去爱护灯塔。

岛上生活寂寞孤独，王炳交像老大哥一样总是将方便留给别人。自1983年以来的每个春节或是假日，王炳交把所有回家与亲人团聚的机会都让给了别人，而自己选择了留守在那间简陋的灯塔值班室里，"我是灯塔主任，就一定要担起主任的责任，我总不能自己与家人团聚让我的部下们留守孤独吧？"

做船舶前行的"航标灯"是百年灯塔的使命。在同事眼中，王炳交也是一盏熠熠生辉的"航标灯"，引导大家工作生活的航向。

【精神榜样】

王炳交能独守孤岛30年，就是因为他树立了极强的责任感，有一种崇高的主人翁精神。这正是我们青少年应该加以认真学习的。在人的一生中，每个人都要经历一段刻骨铭心的航程——在风平浪静，或是波涛汹涌的海面上，一艘船载着你和其他一些同道的人执着地前行。作为这艘船上的一员，船的命运就是你的未来，船的方向亦是你的人生。船在水面上且浮且沉，需要每个人的操纵与掌控；船在风浪里且进且退，需要每个人付出努力，同舟共济。

 大爱铸医德

【模范人生】

李桓英教授 1945 年以优异成绩毕业于上海同济大学医学院，一年后留学美国名校霍普金斯大学，1950 年起在世界卫生组织任职。1958 年世界卫生组织又对她提出续签 5 年合同的聘请，然而李桓英毅然选择了回国："我的祖国现在仍然是一穷二白、百废待举，我身为她的儿女理应尽微薄之力……"这"微薄之力"一尽就是 50 年。

2007 年 1 月 29 日"世界防治麻风病日"，中华人民共和国卫生部副部长王陇德向全世界宣布：中国现症麻风病人数由新中国成立初期的约 52 万人，减少到现在的 6300 多人，这些数字标志着中国已经走出了麻风病时代！52 万到 6300 人，这其中凝聚着李桓英教授抗击麻风病 50 余年的心血。50 年来，她先后为病区患者筹集医疗药物、器材共数百万美元，捐赠 15 辆吉普车用于麻风病区的医疗工作，而她自己依然坚持每天乘坐公交车上下班。

李桓英带领的麻风病研究实验室在我国率先开展了非隔离短程联合化疗。她身体力行，从不穿得像防化兵一样去看病人，对病人伸出有些迟疑的手，她总是一把抓住，李桓英一次次到病区，和病人接触，一步步地教会当地医护人员如何做标本……

在李桓英的办公室里有一张云贵川交通图，上面插了 20 多面三角旗，那都是她足迹所到之处。麻风病发病率较高的州和县是李桓英选定的试点，从北京坐火车到那里要用几天，然后还要换乘汽车，再走六七个小时的山路才能到达。这些所谓的山路，都是牛马踩出的、只容一人行走的羊肠小道，有的地段一边是山，一边是悬崖。由北京走

一趟麻风寨，即便是年轻人也会累得几天爬不起床，而年近花甲的李桓英硬是挺了下来。李桓英就是凭着这种心态和精神，始终走在防治麻风病医疗队伍的最前沿，一点一滴地改变着许多麻风病人的命运。

如今，已经87岁高龄的李桓英教授，虽然不能像年轻时那样常年战斗在防治麻风病第一线，但是她仍然坚持每年到那里调研一次。

一生致力于祖国医疗事业的她至今仍孑然一身，没有小情小爱，卿卿我我，但对麻风病患者毫无保留的奉献，却使得这位老人周身散发着大爱无私的光辉。她用自己渊博的学识，开阔的心胸，无畏的行动，铸就起白衣天使高尚的道德丰碑！

【精神榜样】

孔子说："在其位，谋其政。"一个人应该扮演好自己的角色，在家要扮演好自己的家庭角色，在社会上也应该扮演好自己的社会角色。这样的人才是一个称职的人。李桓英不光做到了在其位，谋其事，甚至不在位的时候，也时刻挂念着工作。这种主人翁精神对于一个社会的竞争力来讲，是非常重要的。如果每一个人都有主人翁精神，都把社会的事当作自己的事来做的话，社会无形当中会产生强大的竞争力。

人民满意的好法官

【模范人生】

宋鱼水的外表与人们想象中的法官形象有很大差距。温婉和煦，即使是法袍加身的审判庭上，也从不疾言厉色，咄咄逼人。与宋鱼水认识的人描述她时用得最多的形容词是"朴实、谦虚"。好友说"她是个典型的中国妇女"。

她不厌其烦、连续数小时倾听当事人情绪激烈、语无伦次的陈述；无论时间多长，当事人的身份和举证能力如何，永远目光直视对方，这是她有名的庭审风格；一位老作家因为稿酬问题告到法院。庭审中，这位老作家用诗一样的语言来回十几遍反复阐述自己一个观点，旁听的人打起了瞌睡。但作为审判长的宋鱼水，目光却一直没有离开当事人。直到他们没有新的说明了，宋鱼水才向双方讲解出版合同方面的法律规定，老作家仔细地听着宋鱼水的讲解，突然出人意料地说："法官，我接受被告的方案。这事发生后，你是第一个完完整整听完我讲话的人，你对我的尊重让我信任你，我尊重法庭的意见。"她是货真价实的"永动机"，无刻不在运转，不知疲倦。同事李颖和她一起办理《十送红军》的著作权侵权案，当时，仅开庭笔录就达四五十页，还要收集、调阅大量相关资料。李颖看到，宋鱼水不仅逐字阅读相关法律文件，连音乐入门的书籍也每本都不轻易放过。

一位普普通通的共产党员，一位普普通通的基层法官，一位普普通通的知识女性，11 年的法官生涯，1200 多件判断公正的各类民商事官司。

法院院长这样评价她：10 多年来，她没有一件判案不公，没有一件被投诉或举报，没有办过一件人情案。

同事们说：她用她沉默、温柔却无比坚强的法官的力量，用她对人民、对法律的赤诚之心，教会了我怎样去实践一个法官的理想，怎样守护心中的天平！

她审理的案子，代理律师败诉以后给她送来一面锦旗："辨法析理，胜败皆服。"

【精神榜样】

责任创造卓越。大禹治水"三过家门而不入"，是责任；诸葛亮"鞠躬尽瘁，死而后已"，是责任；范仲淹"先天下之忧而忧，后天下之乐而乐"，是责任；林则徐铭志"苟利国家生死以，岂因祸福避趋之"，还是责任……宋鱼水的成功在于她全身心地投入。她始终兢兢业业，做好在职的每一件事情。因此说，有时候责任感比能力更重要。

第六章

人生须知尽责的乐趣

养路 26 年，艰苦并快乐着

【模范人生】

从土路到柏油路、水泥路，再到高速公路，46 岁的陈基旺养护各种各样的路已经 26 年。

26 年养路，陈基旺经历的是时代的变迁，面对的是越来越高的技术要求；高速公路养护专业化、机械化程度高，技术要求严，这对于来自普通公路养护部门的陈基旺来说，就是新的挑战。高速公路养护工作多以路面坑槽修补为中心，坑槽修补的返修率和平整度是衡量养护质量的重要标准。晴天，他严格按照操作规程做好处理工作，确保每一个坑槽修补的质量；雨天，他积极推广科氏冷料在高速公路坑槽修补上的应用，不断提高工作效率和施工质量。

26 年养路，不变的是艰苦，还有付出。福建灾害性天气比较频繁，养护作业经常面临严冬酷暑、狂风暴雨、洪水泛滥等重重考验。泉厦高速公路日常养护中最辛苦莫过于清理排水系统了。地处沿海多发的雨水天气常使排水沟泥土淤积，一些勾缝因为损坏，更是"春风吹又生"地滋长野草。有一座涵洞在养猪场附近，涵洞里臭气熏天，淤积的烂泥有二三十厘米高，老鼠蟑螂窜来窜去，沼气、一氧化碳等有毒气体弥漫着整个涵洞。但每次清理，陈基旺总是第一个进洞。

一次抗洪抢险，雨势风势很大，塌方所在的高边坡随时有可能再次垮塌，这意味着冲过去养护的人要冒着生命危险，但陈基旺还是冲在了最前面。

就是如此，"不求捞一把进去，唯愿掏一把出来"，作为一名公路养护人，26 年来，陈基旺日复一日地践行着这样的座右铭。

行驶在福建泉州至厦门的高速公路上，平坦整洁的路面，周遭令人心旷神怡的美景，让人有"车在花中行，人在画中游"的感觉。这与养路工的辛勤劳作是分不开的。在西福养护站一楼，墙上张贴着《养护工的一天》："如果你问我们累不累，我们的回答是肯定的；如果你问我们值不值，我们的回答也是肯定的。"

【精神榜样】

在社会这条船上，每个人还都肩负着排除任何潜在危险的责任。原因显而易见，行驶在惊涛骇浪中的船是那么的渺小，小事故都可能酿成灾难。一旦我们赖以生存的船只发生危险，那么船上的每个人都难逃灭顶之灾。作为社会船上的一员，我们应该以陈基旺为榜样，努力认真地负起自己的责任。

轮渡坚守者魏又明

【模范人生】

魏又明的岗位是平凡的，他是长江上一名普通的轮渡驾驶员，在长江两岸往返了近19万个来回，航行距离30多万公里，足可以绕地球7圈。连续19年安全航行无事故。没有惊世的壮举，也没有曲折的经历，但是这种坚守是不平凡的。

江轮渡成了武汉沿袭百年的公交工具，高峰时每日运送乘客上百万人次。可是要做船舶驾驶员，至少要当3年水手，再当3年舵工。在8年的水手和舵工生涯中，魏又明一面扎实地做好本职工作，一面潜心钻研驾船技术。1987年，他如愿以偿地考上了驾驶员。

但是武汉两江桥梁建设突飞猛进，传统的过江轮渡成了辅助公交，升任船长不久的魏又明却坚定地留在了船上。

轮船在江上最易发生两类事故，碰撞和搁浅，大都与航船人员自身麻痹和疏忽有关。有一次，轮渡开出后，老魏发现右前方有一艘小机驳，连忙用高频联系，小机驳却不答话。老魏发出指令，及时避免了与突然左转横穿的小机驳发生相撞。除了周围的船舶动态，岸上建筑参照物、水下障碍、航标甚至天气状况都是老魏行船中特别留意的地方。2002年8月某一天清晨7时30分，轮渡5号从中华路开往武汉关，狂风大作，风力达到7级以上。江面掀起大浪，驾驶室内的非固定物都被打翻，甲板上的垃圾桶被撕成两截掉进江中。老魏一边让船员安抚乘客不要惊慌，一边果断发出指令维持原航向避免横摇加剧，并不失时机地选择安全航速，下行到三阳路水域调头，待风浪减弱才安全返航。

　　在魏又明的带领下，他的船上提供很多特殊服务，海员驿站服务只是其中一个。久而久之，就形成了完整的"十项便民服务"，包括为老幼病残设立专座、便民小药店、便民茶水、便民针线包、便民气筒、游客导游图、天气预报、失物启事等。在日常服务中，魏又明还号召船员做好"三个一把服务"。即：见了老人扶一把、见了小孩牵一把、见了推车的帮一把。

　　他说，他今生最大的愿望就是开一辈子的轮渡。

【精神榜样】

　　有了责任心，就会克服阻力，发挥才智，解决问题。有了责任心，就能够勇于承担，敢于较真。有了责任心，就能够有咬定青山不放松，时刻关注，紧盯不放，跟踪督办，追踪到底。因为内心强烈的责任意识，魏又明在平凡的岗位上作出了不平凡的业绩，得到了社会的肯定和尊重，值得我们学习。

让青春在燃烧中闪光

【模范人生】

谈起自己的成功，已过不惑之年的王学良会有点腼腆，连连说，"只是马马虎虎而已"，连"小有成就"之类的话语都未曾说出口来。他从一个蹲街边、睡地板的穷小子成为今天率领数百号人的工程师、施工队长，从一个地道的巴山农家小伙成为而今的古都西安市首位民工劳模。

作为农民的儿子，王学良不甘于像父辈那样一辈子在农村坚守清贫。1984年，刚刚走出校门的王学良跟随乡亲走出大巴山来到西安开始从事建筑施工劳务工作。勤奋好学的王学良从一名杂工、学徒逐渐成为一名称职的技术工人、施工队长。从1988年起，他独自带队转战于西安市各个建筑施工现场，21年来，他参与了陕西电视塔、秦皇宫、郦景花园、长庆油田基地、西安高新开发区等62个工程项目的施工。他用青春、智慧和汗水为西安的城市建设作出了贡献，让青春在燃烧中绽放出光彩。

2001年5月，西安市建一公司将承建的西高新重点工程，建筑面积达2.1万平方米的高新二中主体施工任务交给了王学良民工队。要在110天内完成2万多平方米的主体施工这一艰巨任务，已经吓跑了多家施工队，可王学良斩钉截铁地表示："请公司领导放心，我们一定保质保量攻下这一堡垒！"话虽然说出去了，可工期紧、要求高，工程结构复杂，施工难度大，确实令王学良和他的同事们把心提到了嗓子眼上。整整80天，王学良没有睡过一个安稳觉。在浇铸混凝土的关键施工阶段，他曾3次连续48小时在现场指挥施工。在王学良和工友们的艰苦努力下，主体工程奇迹般地比预定工期提前30天完工。80天，王学良整整瘦了4公斤。

参与城市建设的经历使王学良深深感悟到：部队打仗要有勇有谋，我们干工程也应有勇有谋，现在，施工队特殊工程、关键岗位操作人员持证上岗率达100%。2003年，王学良带领施工队的几名技术骨干组成一支主体工程清水墙模板改进技术攻关小组，经过20多天的设计、制作和模拟施工，终于使新的模板施工工艺在施工中应用以后，工程质量一次达优，施工进度大幅度提高，仅此一项，平均每年可为项目部节省材料费、人工费支出30多万元。

从1988年至今，王学良带领施工队伍承担的50多项建设工程的主体施工任务，所有工程均被评为优良，并先后有20多项工程分别获得省、市文明工地、"雁塔杯"工程质量奖、省级科技示范工程奖等荣誉。

【精神榜样】

王学良之所以能够在西安建筑界取得骄人的成绩，最根本的就是他一直对自己的工作保有一种责任感，这种责任感是催促他一步步从平凡走向辉煌的动力所在。责任感是鞭策和鼓励我们奋进向上的不竭动力，只有满怀责任心，才能使自己对现实中所有的困难和阻碍毫无畏惧；只有比别人更多一分责任心，才能在前进的征途中增添一分更强的动力。

驾驭地下蛟龙

【模范人生】

　　不到 3 平方米的驾驶室，60 个旋钮，12 个指示灯按钮，288 个保险开关，黑暗潮湿的地下隧道……这几乎就是伴随吕玮工作的全部要素，长年累月，显得枯燥而平淡。而吕玮心里深知，每天坚守这份枯燥与平淡，意味着为数以百万计的乘客带来畅通与平安。

　　作为上海第一代地铁列车司机，刚满 33 岁的吕玮是名副其实的"年轻的老司机"。13 年来，上海地铁从无到有、从单线到网络的高速发展，见证着上海公共交通事业日新月异的变迁。13 年来，吕玮也从一个初出茅庐的学员，成长为一名业务骨干，取得了列车司机岗位高级工等级证书，带领着他的司机小组创造着一项又一项安全行车纪录。13 年来，他在隧道中运行了 1 万多个小时，安全运行里程达 20 多万公里。

　　一次在他当班的列车上，当列车进入漆黑的地下隧道后，突然车厢灯光全部关闭，车辆紧急制动。面对突如其来的状况，满载乘客的车厢里响起了阵阵惊呼。车内车外一片黑暗，离前方车站还有较长的距离，再不处理，乘客情绪将更不稳定。千钧一发之际，吕玮沉着分析，冷静观察，在几秒钟内，他就自信地判断是车钩连接触点发生了故障，在确认车钩机械连接正常的情况下，他果断地将车钩监控旁路切除，列车顿时恢复正常运行。吕玮随即紧急进行安抚性广播："乘客们，刚才列车出现的故障已经排除，请大家不必担心……"伴随着司机平静沉着的声音，乘客们马上安静了下来。这一切发生在两分钟之内。当地铁列车正常行驶进站时，吕玮才发现自己的手心、额头都沁出了冷汗。

　　吕玮高超的技能离不开他的勤奋，他对地铁列车的操作和故障排除方法十分熟悉，还要求自己带领的小组的所有司机都必须熟练掌握11大类32项地铁常见故障的排除方法。吕玮经过十几年摸索出了一套"由近及远、由简单到复杂"的故障排除方法，既实用又易掌握，已在他带领的乘务组推广开来。吕玮自知自己职校的学历远远跟不上城市交通发展的需要。他利用业余时间攻读了北方交大"交通运输管理"的大专课程，他还准备继续进行本科学历的深造。

　　地铁是"一丑遮百俊"的服务行业，要是车辆出了故障，社会影响会非常大。他要从自身做起，带领班组实现运行安全和优质服务，并以此作为实现人生价值的宽阔舞台。

【精神榜样】

　　吕玮的工作平淡而枯燥，琐碎而重复，他仍然视平凡的工作为终生的事业，因为他始终秉持这样一种观点：做人可以安于平凡，做事不能流于平庸。这是一种强烈的责任意识，每一个成功的人，都是通过饱满的责任感，经过了一个又一个平凡的日子而羽翼丰满的。青少年们也应牢记自己现在的责任——努力学习——为将来走上社会做好准备。

售票是我的乐趣

【模范人生】

42 年，11000 个工作日，乘车行程近 100 万公里，等于绕地球赤道 25 圈；售出 330 多万张纸票。崔仕宏每天凌晨 3 点多起床，没有一天迟到，没请过一天病事假，更没有受到过一次投诉，同事们为他总结的 42 年无投诉的秘诀，就是努力做到"十点"：报站清楚点、热情服务周到点、解答问题耐心点、处理问题恰当点、说话办事礼貌点、开关门看着点、售票主动点、查验票和气点、打扫车厢干净点、为乘客服务辛苦点。

1964 年，18 岁的崔仕宏从电车技校毕业来到电车公司，当上了 105 路首班车售票员。几年后，他调到了 13 路无轨电车售票，也就是现在的 113 路电车。每天在相对固定的小空间里从事单一枯燥的售票、报站工作，在车里服务于各种各样的人之间，多年如一日，难免会出现烦躁情绪或与人之间的摩擦。但他是 113 路车队出名的"乐和人"。老崔自己说，和气点，礼貌点，耐心点，什么事都好解决。同事们都说，老崔心态特别好，遇事不着急。

42 年，他也没有一次评奖评优，却一直诚心诚意地为乘客服务，因而受到广大乘客的尊重。负责开关车门是每个售票员要做的最多的工作，公交车到站人们下车，售票员首先要下去，等上车的人都上完，售票员才能上。北京人多，坐公交车的人自然不少，有时候等售票员要上车的时候，车门都关不上。公交人都说上下车是对售票员的考验。每当车要到站时，崔仕宏都会提前向乘客打招呼，人多车挤时，他就要反复动员大家互相关照，直到最后，自己费力挤上车，安全关好门。

有人算了笔账，42 年的工作日，崔仕宏平安地开关车门就有 1049 万次之多，个中辛苦可想而知。崔仕宏是北京最"老"资格的售票员之一，如今他退休了。谈起这 42 年的工作，他说："一辈子没腻过，售票是我的乐趣。"他把工作当乐趣，这就是一位普通售票员的情怀，这也是他受到人们尊重的原因吧！

"报站及时、声音洪亮、扶老携幼、服务周到"，讲到如何做好售票员的服务工作，老崔总是这几句话，最多加一句"对乘客就像对亲人一样，自己的父母乘车也想着别人能照顾一下"。这就是北京公交系统工龄最长的售票员崔仕宏 42 年工作过程的真实写照。

【精神榜样】

对于尽职尽责的人来说，卓越是唯一的标准，崔仕宏正是以卓越的标准要求自己，才做到 42 年来没有接到任何投诉。他们不会对自己说"我已经做得够好了"，而是要求自己在每一份工作中都做得尽善尽美。邓亚萍曾经说过："不管我拿了多少个世界冠军，我每天都会要求自己的技术有所提高，有所进取。"从她说的这句话当中，我们能够知道：工作中的追求是永无止境的，习惯于说自己"做得够好了"的人是对工作的不负责任，也是对自己的不负责任。

村民的好医生权秀芬

【模范人生】

今年 50 岁的权秀芬是云南省马关县夹寒箐镇通寺村的计生协会会长，长期以来，她默默为村民办好事、办实事，赢得了村民的理解和支持，被村里人称为"贴心人"。

1983 年 12 月，是一个寒冬，权秀芬第一次以计划生育工作者的身份走村串户宣传计划生育政策，每到一户人家，就会被村民连拖带骂地轰出家门。村民们说："你干的这是缺德事。"

面对村民的不解和冷言冷语，权秀芬没有灰心。她依然一个人背着药箱，挨村挨户去做工作。她负责的片区村寨多，山路崎岖漫长，去一次总是要抹黑回家。而且总会遇到被群众拒之门外的事情。权秀芬就用"耍赖"的手段，解开了群众的心结。她只要看到有适育妇女和超怀现象她就坐下来不走，不厌其烦地宣传计划生育政策，耐心十足。最终用诚心和爱心打动了群众。

光"耍赖"不行，还得有方法。权秀芬组建了一支文艺宣传队，自费买了乐器，组织队员学音乐、练乐器、排节目。把身边的人和事编成文艺节目，到村民家里去演。几年来，她共编排了小品《晚婚好》《计生协会好》等 20 多个计生文艺节目，经常组织演出。并把"生男生女都一样，女儿也是传后人"的新观念，融入文艺宣传中。

在她的办公桌上，摆放着《妇产科》《孕产期保健》《产后保健知识》和《计划生育政策解读》等书籍，她通过学习，练就了一身过硬的医术。她及时给孕产妇检查，从没有出现过没有钱而不给他们手术或看病的事；她也常常把病人及其家属邀请到家里吃饭，从来不收一分钱；因找车困难，1999 年她借钱买了一辆农用车作为急救车使用，丈夫成了急救车的驾驶员。

多年来，权秀芬在自己平凡的岗位上默默地奉献着，为群众办的实事、好事数不胜数，把实行计划生育困难户视为亲人，想群众所想，急群众所急，为群众累计捐款、捐物达4000多元，为群众挽回经济损失达10万余元，在通寺村人们会很亲热地称呼她为"亲妈妈"。

【精神榜样】

权秀芬在自己的岗位上，凭借自己认真负责的态度，作出了自己的贡献，赢得了社会的尊重。一个人责任感的强弱决定了他对待工作是尽心尽责还是浑浑噩噩，而这又决定了他做事的好坏。当我们对工作充满责任感时，就能从中学到更多的知识，积累更多的经验，就能从全身心投入工作的过程中找到快乐。

高高塔吊上的华彩人生

【模范人生】

47 岁的侯仕光，20 年的塔吊工龄，每年冬夏两季最难熬的时间在高空驾驶舱内度过。创造了 48 万平方米塔吊施工零事故、设备利用率 98%、完好率 100% 的神话。

20 多年与塔吊一起工作，侯仕光总结出"望""闻""听""摸""试"等判断塔吊故障的"侯氏五步工作法"。望，通过查看机械设备的运转动作、走车、起落等情景，进行故障判断；闻，通过对各种工作机构、控制设备、电源、电路等散发的气味，判断电气设备有无短路、过载等不良情况；听，通过对塔吊运转时各机械部件发出的声音，判断是否有缺油、卡阻现象；摸，通过对机械设备的亲手触摸，判断各部位紧固情况和安全装置的可靠性；试，用万用表、电笔测试电路及元器件的工作状态，判断故障的根源。这套"绝活"，成了侯仕光的看家本领。

2003 年"非典"时期，位于北三环中路城建大厦工地的塔吊突然发生故障。深夜接到求救电话的侯仕光第一时间赶到了工地，凭着多年的塔吊维修经验，运用"五步法"中"听"字诀窍，他很快就找到了这台塔吊的"症结"所在。

"是回转问题，要更换塔吊轴承。"侯仕光肯定地说。

两个小时内，他熟练地更换了塔吊的轴承，确保了塔吊的正常运转，工程进度丝毫未受影响，工地的同事激动得不知如何感激他，而侯仕光只是低声说："这是我的工作。"

"侯仕光在我们城建集团可是个宝贝疙瘩，集团里每个工种只有一个名额可以享受到每月 2000 元的'专家津贴'，在塔吊这一行，侯仕光是当之无愧的'老大'。只要把塔吊交给他，领导放心，群众安心，因为他上塔的时间最长，技术最精。"城建四公司党委书记乔文章一说到自己麾下的这员大将就笑得合不拢嘴。

他像疼自己的孩子一样疼塔吊。他对塔吊好，塔吊也回报了他，多年来侯仕光负责的塔吊，工作效率高，施工质量好。而且，他的这些"亲密举动"使塔吊在很大程度上延长了使用和更新周期，为企业节省了大量经费。

【精神榜样】

侯仕光坚守自己的岗位，创造了设备利用率 98%、完好率 100% 的神话。他立足岗位，实现了自我超越。在现实的工作中，有些人常漠视自己应该履行的职责，抱着一种"差不多就行了"的心态去工作，他们之所以如此，就源于他们没有认识到自己的责任，而忽视责任的存在，必然会带来严重的后果。

深井里的探路者

【模范人生】

程水根，1988 年招工进入铜官山铜矿，选择了井下打眼工这个矿山最危险、条件最艰苦的工种，在地层深处与钻机和岩石结下了不解之缘，这一干就是 20 多年。

到矿上的第一天，程水根就跟师傅下了井，从井下上来，他心里充满了失望：井下潮湿不说，巷道又窄又暗，掌子面也是巴掌大的一块；而且井下白天跟晚上一模一样，让从没下过井的人很不适应。

师傅一眼看出了程水根的心思，对他说："小鬼，你不要三心二意，到了哪个地方都要好好干。铜矿苦是苦，干好了也能出成绩。"于是，他留了下来。

留是留了下来，但铜矿很快就给年轻的程水根来了个"下马威"。上班后不久，程水根在一次夜班正常工作的时候，手中的打眼机突然间风、水、电都停了，刚参加工作的他对这种情况不以为然，以为是出了点小事故，就坐在一旁等风、水、电到来。但程水根哪里知道，井上正在下暴雨，地面上下形成了洪流，水都在往井里灌。所幸的是，矿里的领导发现程水根没上来，及时找到了他，不然后果不堪设想。

自打遇到这件事之后，程水根知道井下的工作千变万化，凡事都留了个心眼，一下井就将任何可能存在的安全隐患消灭在萌芽状态。

2001 年 8 月，程水根从铜官山铜矿调到安庆铜矿；2005 年 5 月，他又从安庆铜矿调到冬瓜山铜矿。工作地方换了，程水根的心情也渐渐换了。这主要得益于井下的工作条件越来越好，也得益于矿友们的安全意识越来越高。

尽管工作条件在改善，但矿山还是留不住人才，这几乎成了程水根的一块"心病"。"干事要踏踏实实，做人要老老实实，干一行爱一行，才能把工作做好。把本职工作做好了，就是对企业、对国家最大的贡献。"程水根常常这样跟刚进入矿山工作的年轻人说。

踏踏实实，是程水根对自己最起码的要求。到矿山工作 19 年来，程水根每天出满勤，干满点，早下井，晚出井，从来没有因为自己的事情耽误过工作。在安庆铜矿工作时，工作单位离家有 150 多公里，程水根连续几个春节都在矿山度过。

在铜陵有色公司，程水根被誉为敢打硬仗的杰出岗位能手。他多次被评为矿级生产标兵、公司劳动模范，1998 年获安徽省五一劳动奖章，2000 年获全国五一劳动奖章。

【精神榜样】

如程水根一样，一个人要养成了主动工作、积极进取习惯，就很容易在人生中找到自己的位置，并获得成功。我们中许多人之所以一事无成，皆是因为在自己的思想和认识中，缺乏对勇于负责这种精神的理解和掌握。他们常常以自由享乐、消极散漫、不负责任、不受约束的态度对待自己的生活和工作，结果沦为生活中的失败者。

电影放映员珠桑

【模范人生】

33 岁的索县电影管理站放映员珠桑，从事电影放映工作 17 年来，在高山峡谷间已累计行走 23 万多公里，每年为基层干部和农牧民放映电影 220 余场次，累计放映电影 3720 余场，被人们亲切地称为"电影珠桑"。

电影放映工作看似简单，其实技术要求很高，每场放映都万无一失，并非易事。可文化水平不高的珠桑做到了。为保质保量地完成好放映任务，他克服各种困难，认真学习电影放映基本常识和放映设备的操作、保养和维修知识，努力提高放映技术，掌握好所放电影的主要内容。每到乡村电影放映点前，他都仔细检查机器设备，严格核对所带片子。

在内地看起来很简单的事，到了西藏变得异常困难。因为这里江河交错、沟壑纵横，冬长夏短，交通不便。2005 年 9 月 21 日中午，珠桑开车赶往 70 多公里以外的赤多乡。在翻越海拔近 5000 米的雄硕雪山时，路面被雪覆盖，根本无法前行。珠桑拿着铁锹边铲雪边开车前进，车开到山脚时，已是次日凌晨 2 点。当晚他就在牧民家借宿，第二天早早起来赶路，直到晚上 10 点多才到达赤多乡放映点。70 多公里的路程居然用了 30 多个小时。但珠桑毫不在意，"为了农牧民，我苦点累点算不了什么。"

放映员没有车，在路上碰到的动物比人还多。为放一场电影，要骑马在羊肠小道上走好多天，翻雪山，爬悬崖，蹚过齐膝的激流，才能到达一个村子。为了节省成本，珠桑出去一次要跑十几个村子，出一次门需要一个多月。后来，珠桑被调到县电影放映队，还配备了一辆北京吉普车。虽然比以前轻松了不少，但去一些不通公路的地方仍要步行。

2000 年夏天，珠桑骑着马赶往赤多乡放电影，途中突然下起了倾盆大雨。在宽不到两尺的悬崖小路攀爬时，突然发生了泥石流，泥巴裹着石头往下落，珠桑躲闪不及被一块石头砸中，整整一个月不能干重活。

虽然路途艰苦，但是乡亲们对电影的渴望，珠桑觉得自己的付出非常值得。

【精神榜样】

珠桑用心去做每一件事情，坚守在同一个岗位上，多年如一日兢兢业业、任劳任怨地工作。不管是否喜欢这份工作，也不管工作的条件是否艰苦，一旦选择了这个工作，便是一种承诺，必须实现，不存在商量的余地，也不会云寻找其他借口。这正体现出一种对工作的责任心。青少年将来走上工作岗位也应该向珠桑学习，用责任书写人生，用责任赢得尊重。

绽放在 110 服务台的警花

【模范人生】

熊艺鲛尽管工作时间不长，却取得了令人刮目相看的业绩：平均每年受理 110 报警 62152 起，处置各类案件 35253 起，共受理各类群众紧急求助 1500 余起，解救溺水、触电、轻生自杀群众 65 人，帮助走失迷路的儿童老人 2114 人。通过其指挥调度警力快速反应，现场抓获违法犯罪嫌疑人 197 人，破获各类案件 254 件。

在刚调入 110 报警服务台时，为了提高接警效率，熊艺鲛在同伴们中掀起了"岗位大练兵"的比赛，在比接警速度、比录入速度、比语言技巧、比地理环境熟悉程度等一系列的业务竞赛中，接警员的业务素质普遍得到了提升。在平时工作中，她重视培养创新意识和思考能力，对接处警中的一些疑难个案，喜欢向有经验的民警请教，经常探讨不同的处置方式，寻求最佳处置方案。她还写下了《如何提高 110 接处警工作效率》等具有一定深度的理论文章。

在值守 110 的日日夜夜，她用自己的智慧和果敢，化解了一次又一次的危机，处理了一个又一个的险情：2005 年，她接警后迅速指挥用电话布控，仅用六七个小时，就将 3 名被骗少女安全解救；由于她的迅速、果断和敏感，成功解救了被劫持的小孩；面对电话那一端欲轻生男子，她用善解人意的话语温暖了一颗冰凉的心，并做工作促使他放弃了轻生的念头。

同时她也会面对少数人蓄意骚扰，她将委屈放在心底。因为只要穿上警服，就注定要承担起责任和义务、付出奉献与牺牲。面对时常加班加点，她也没有怨言；面对生物钟颠倒带来的生理问题，她默默承受。

为群众排忧解难是 110 义不容辞的责任，通过群众举报的犯罪线索打击违法犯罪分子的嚣张气焰，更是 110 民警的立业之本。

她的事迹谈不上惊天动地，她的故事也未必催人泪下，但就是这些平凡的小事，使她辛勤劳动耕耘的历程凸现出非同寻常的亮色。

【精神榜样】

熊艺皎是个有责任心的好员工。责任感产生的作用和能量是无限的，无论什么时候，用责任心工作的人，永远是社会不变的期待，而最高的奖赏也必定属于他。在工作中主动思考的人，会勇于负责，有独立思考的能力。他们不仅会圆满地完成自己的任务，还会忠心耿耿地为团队考虑，提出尽可能多的建议和信息，他们也会因此得到提升和赏识。

第七章

人所能负的责任，我必能负

水文站长的哨所生活

【模范人生】

1990 年的春天，28 岁的土家族姑娘胡雪霜告别了讲台，走进了石门所市水文站。

所市水文站位于湖南省石门县西北乡，是湖南省最北、位置最偏远的测站，距离石门县城有 170 多里路程。水文站和缆道房建在高高的溇水河岸上，像一个小小的悬崖哨所。脚下就是百尺悬崖，悬崖底下则是幽深的溇水和水位观测码头。

在进站的一刹那，她傻眼了，这哪是想象中的国家单位，分明就是悬崖峭壁上的一个哨所。现实与理想的差距，再加上专业上不对口，出身于水文世家的胡雪霜犹豫了，走还是留，她陷入了哈姆雷特式的彷徨，是父亲的一席话，让她彻底打消疑虑，在这个小镇安顿下来。

为了尽快适应工作，胡雪霜坚持不懂就问，拜能者为师，师傅搞观测、架仪器时，总是紧随其后，仔细看、大胆问、经常练。在工作之余，她还找来了有关水文知识的书籍、规范和技术文件，一看就是三四个小时，"仪标水尺长相伴，孤灯陋室一条船"就成了她工作与生活的真实写照。在很短的时间内，她就成为水文站的业务骨干，并于 1994 年被任命为所街水文站站长。

担任站长的第一年，由于测验数据出现了一些失误，测验资料质量被评为不合格，这一结果让胡雪霜非常惊讶，自信心没有了，情绪也一落千丈，在市局开完资料整编会后，她找到领导，表达了自己不想当站长的想法。领导意味深长地说，不积跬步，无以至千里，不积小流，无以成江海，每个人都会有一个成长的过程，在这个过程中，最怕的不是面对失败，而是怕被自己打败，并仔细帮她分析失误原因，指出解决问题的办法。这一次经历，使胡雪霜逐渐懂得仅靠个人的热情和干劲是远远不够的，作为站长，应该考虑到自己首先能做什么？又该做什么？

1997年8月份，水文站一名职工要去参加函授面授，另一名职工要去湘潭参加青工培训，胡雪霜的丈夫又在石门县医院进修。8月份又是主汛期，一位女同志，一个人伴着深夜河水的咆哮声，在这偏僻的地方守着，关门闭户都有些害怕，更何况下雨天还要起来看水位，20多天的时间，她一个人就这么挺过来了，出色地完成了测报任务。

胡雪霜担任站长以来多次受省水文局嘉奖。2007年3月，她被评为湖南"十大杰出女性"。

【精神榜样】

伟大人物对使命的责任感可以谱写历史，普通人对工作的责任感则可以改变自己的人生。的确，拿出100%的责任感来对待1%的事情，而不去计较事情是多么的"微不足道"，你就会懂得，原来每天平凡的生活竟然是如此的充实和美好。对于一名员工来说，责任感就如同生命。凭借责任感，我们可以释放出潜在的巨大能量，发展出一种坚强的个性；凭借责任感，我们可以把枯燥乏味的工作变得生动有趣，使自己充满活力。

 **烈火丹心铸警魂**

【模范人生】

哪里有险情，哪里就有他的身影；哪里有危难，哪里就有他的足迹。在人民群众遭遇危难时，他和他的战友们总是第一时间赶赴现场，担负起保护国家财产和人民生命安全的责任。他就是甘肃武威市消防系统内唯一获市级劳动模范荣誉的市公安消防支队支队长王鹏伟，一位有 30 年军营生活的消防官兵。

抢险救灾是消防战士义不容辞的责任。2006 年 2 月 14 日凌晨，国道 312 线永丰路段，一辆由兰州开往张掖的客车与一辆货车相撞，致使客车翻入 4 米深的路基下，急需抢救。接到报警后，王鹏伟迅速率领 30 名官兵，冒着大雪奔赴现场进行救援。到达现场后，驾驶员满脸是血被倒挂在驾驶室内痛苦地呻吟着，车内乘客哭喊着向外求救。王鹏伟立即组织人员撬开车窗，实施破拆救人。为了让受伤人员得到及时救治，王鹏伟一面组织救人，一面通知在队值班的副支队长翟卫军带领 6 名官兵前往医院协助救治，致使 65 名乘客一个不少地被送往市区两家医院进行紧急救治。

2006 年 4 月 28 日，武威市全圣集团纸业公司草料场发生火灾，当时大风伴着沙尘，风力 7~8 级，顷刻间 26400 平方米的草料场一片火海。119 指挥中心接到报警后，王鹏伟立即带领支队 60 余名官兵，出动 7 台水罐消防车赶往现场。在距离现场还有近 2 公里时就看见火光冲天。当时王鹏伟深感事态的严重性。他立即向相关市领导汇报，请求各方支援。作为一名指挥员，他身先士卒，带领战友们一起冲入火海，采取堵截包围、逐片消灭的战术进行灭火。冒着大火的炙烤和呛人的浓烟以及沙尘的袭击。在经历 21 个小时的艰苦鏖战后，消防官兵与前来支援的部队官兵、当地群众一起将大火牢牢控制在草料场以内，保护住了办公大楼及附近村庄。事后，支队被武威市委市政府授予抢险救灾模范单位荣誉称号。

王鹏伟说，作为一名消防军人，必须树立使命高于一切、责任重于泰山的坚定信念。只有国家和人民生命财产安全有了保障，经济才能迅速发展，国家才能富强，人民生活才会更加安康！

【精神榜样】

王鹏伟在烈火中锤炼着自己作为一名警察的职业素养，他的赫赫战绩为社会瞩目，正是因为他具有一种崇高的责任感，他对工作始终保有一种激情。一个没有责任感的员工不可能始终如一地高质量地完成自己的工作，更不可能作出创造性的业绩。如果你失去了责任心，那么你永远也不可能在社会中立足和成长，永远不会拥有成功的事业与充实的人生。

 人生与知识的焊接

【模范人生】

徐龙杰，从一个季节农民工，经过不懈的努力，成为获得多项荣誉的焊接技术专家。那是因为他一开始就决定了不能做一般意义上的农民工，而要把目光放长远，多钻研，做一名新时期的技术型农民工。所以在别人吃饭、逛街的时候，他还在学习；一本书，别人要看两三个月，他一个星期就能背下来。

刚进厂的时候，徐龙杰月工资只有90多元，他每天吃的是最便宜的饭菜，为的是省出钱来购买专业书籍。他在空荡荡的走廊上"借光"读完了多种版本相关专业书籍，掌握了电焊工的理论知识和操作技能。

徐龙杰的理论功底与技术水平突飞猛进，公司领导给了他更大的舞台。徐龙杰连续改进了多种自动焊接方法，先后参与了半自动二氧化碳气体保护焊、半自动熔化极气体保护焊、不锈钢脉冲氩弧焊等焊接工艺的改造与创新。他还成功组织开发了铝镁合金压力容器制作工艺，拓宽了公司的业务范围。2005年12月，徐龙杰被破格晋升为高级技师——在中油化建，达到这一技工序列最高级别的，总共只有10多人，徐龙杰是最年轻的一位。

徐龙杰深知"一花独放不是春，百花齐放春满园"的道理。3年来，徐龙杰采取办班讲授理论知识、现场实际示范、手把手指导操作等形式，先后组织了诸多初级、中级、高级及新工艺新材料培训，共培训150多人次，他所培训的新员工都拿到了不同等级的压力容器焊接资格证书，还有19人于去年成为公司的星级工人，其中5人成为三星级工人。

【精神榜样】

徐龙杰用自己的实际经验告诉我们立足于自己的岗位，尽职尽责地专注于自己的工作，那么完善的不光是你的专业技能，还是成就事业的保证。徐龙杰从一个季节农民工成长为一个焊接技术专家，完成了从平凡到卓越的完美跨越。他在岗位上超越了自己，超越了平庸。这种因责任感而带来的华丽转变值得我们学习。

浪尖上的"弄潮"人生

【模范人生】

孟林国，从一个普通的中专生到一名环球航行的船长，他实现了人生最大的抱负。自 1997 年担任船长以来，他连续安全航行 63 万公里，相当于环绕地球 16 圈；他连续刷新生产纪录，共计完成货运量 1055 万吨，累创利润 3.6 亿元人民币；他多次临危受命，执掌 3.5 万吨级的油轮奔赴国际国内航线，为长江流域的能源供应提供保障；他对接国际标准，推进管理创新，多项操作法在全公司大力推广。他用自己的拼搏和汗水奏响了一曲扎根岗位、勇于攀登的奋进之歌。

有一种油品叫"奥里油"，因为其成分特殊、价格低，我国进口量较大，但一旦超过预定温度两摄氏度，就将导致油品变质。对此，孟林国通过船舶卫星连线，上网查阅了大量的相关资料，获得了第一手数据，并为此进行了可行性论证，制定了中国油轮运"奥里油"的方案。首载运输获得了圆满成功。

质量安全，是船舶的生命，也是一流船长的根基所在。孟林国打造一支能征善战、一流的海员队伍。他发明了"导师带徒"的方法，如同大学生选修课程一样，让徒弟自由选择师傅，并通过签订"责任书"的形式，规范权利和义务，明确奖惩标准。他自己还亲自带了一名年轻三副和一名见习驾驶员。凭着这两手，孟林国很快将船舶建设成了新型航海人才的培养基地，先后为企业培养了 12 名适应远洋高级人才。

孟林国责任在肩，信心满怀，朝着当一流的中国船长的目标迈进。

【精神榜样】

　　孟林国从中专生到中国船长，是由平庸到卓越的完美跨越。平庸者不知道自己追求的是什么，被人鞭打着向前走；卓越者很清楚自己的目的地，他们会朝着自己的目标迈进，并总能以目标鞭策自己，心无旁骛。平庸的人无论做什么工作都很敷衍，而且心不在焉；卓越的人总以责任心对待自己的工作。其实你也可以在平凡的起跑线上甩掉平庸，追赶卓越。

陪练出奥运会冠军

【模范人生】

刘磊磊可能这一辈子都与掌声、鲜花和荣誉无缘。但他还是要在不太厚的棉垫上，每天被摔上 300～500 次，只因为他是国家女子柔道队的一名陪练。

刘磊磊从 2001 年开始做国家女子柔道队陪练。那一年，他 14 岁，这一干就是 5 年。虽然他也曾取得过不错的成绩。在 2004 年、2005 年获得全国道馆俱乐部柔道比赛 +100、无差级第二名，在第 21 届省运会男子柔道比赛中，获得冠军。但为了国家队的需要，他还是选择服从组织和教练的安排，牺牲自己的个人前途。

在陪练过程中，他全力配合有关运动员的技术、体能、战术训练要求，兢兢业业，全力以赴，无怨无悔。每天训练课上，刘磊磊都要陪这些世界级优秀运动员练习打入、投入、实战等训练内容，每天被摔 300～500 次。

其实当陪练并不简单，需要技巧，最大的困难是既要给运动员增加训练难度，还要保持一定的控制，不能给运动员造成意外伤害。为了当好陪练，刘磊磊根据不同队员的特点，有针对性地变换训练内容，产生了很好的陪练效果。

2004 年奥运会前，刘磊磊陪刘霞进行实战训练。当时刘磊磊体重 150 公斤，刘霞 80 公斤，如果刘磊磊垂直落下，必定砸伤刘霞。"我当时唯一的想法就是宁可牺牲自己，也要保护刘霞。"刘磊磊硬是用一只胳膊支撑全身重量，结果造成自己肩部严重受伤。医生建议至少休息 3 天，但为了备战奥运，刘磊磊连续打了 3 次封闭，一直坚持陪练到参加奥运会的队员出发。

　　刘磊磊总是任劳任怨、勤勤恳恳。他的这种认真的工作态度也得到了全队领导、教练、工作人员和全体运动员的赞扬。因为长久以来，总有一个崇高的梦想支撑着他，那就是：陪练出奥运会冠军。

【精神榜样】

　　刘磊磊是在不断地成长中体会到自己的责任，并在梦想实现时，将责任升华。我们都知道，责任是一个人生存和发展的基础，一个人放弃了自己的责任，就等于放弃了更好的生存机会。大量的成功学研究无不证明了这样一个事实：责任能够使一个人真正地明白人生和工作的意义所在，责任能够指明一个人未来努力的方向。

无差错收费能手

【模范人生】

大收费站车流量大，工作强度大，非常繁忙，也容易出差错，很多人不愿去，胡海霞却在这里干得津津有味。10年来，每天面对南来北往的滚滚车流，呼吸着弥漫着车辆尾气的空气，重复着枯燥乏味的收费动作，她依然重复着扬手、点头、微笑、注目礼、文明用语这五要素。从12秒到4秒，她创造了比别人快两倍的收费方式，创下的"海霞收费速度"无人可以超越；她收的路费累计超过2000万元，却没有出现一分钱的差错。

胡海霞始终相信在平凡的收费工作岗位，通过辛勤劳动，一定能干出不平凡的业绩来。他没有听父亲的劝阻回老家过过一次春节，每逢重大节日，她总是坚守岗位。很多同事因为不能忍受收费工作的枯燥乏味，辞职离开了收费员的工作岗位。父亲也曾多次劝她转行，她却坚持了下来，她相信通过自己的努力，在平凡的岗位上，也可以作出一番业绩来。

一名优秀的收费员不仅要有过硬的收费技能，更要有为社会无私奉献的精神。胡海霞经常为有需要的司乘人员提供药品、修车工具，为迷路的司机指路……为了做到"应征不漏、应免不征"，胡海霞在收费过程中没少受委屈，但是她用宽容去谅解，用耐心去解释，用言行去感化。

作为一名普通收费员，胡海霞经历了公司从手撕票到电脑票再到联网收费3次收费系统升级，此前从未碰过电脑的她把电脑键盘绘制成图，一有空就拿出来练习。每天胡海霞至少要抽两个小时学习业务知识；她利用工作空闲充实自己，顺利通过了行政管理专业大专班考试；她还练就了钞票"一摸判别真伪"的本事。为了更好地与当地司机沟通，外地妹胡海霞只用了 7 个月就学会了粤语。

2006 年 9 月 7 日，广花分公司成立了以她的名字命名的"胡海霞收费班"，她总结出了一套"以情带班"的管理模式，把业务知识、收费经验手把手地传授给新员工，并摸索出了"三个工作法"，即示范带班管理法、岗位传技互助法、班组目标激励法。几年来，她培训出的"百万元无差错"的收费能手越来越多。

【精神榜样】

无差错收费能手胡海霞，立足岗位，尽职尽责，把自己的精湛技能发挥到淋漓尽致。每个人的职责都是社会发展中不可缺少的一环，身为社会的一分子要充分发扬主人翁精神，担负起自己的责任。也许你觉得它很渺小，但它一定有着自身的价值和分量。

滨城 "活地图" 吕玉霜

【模范人生】

　　吕玉霜被群众誉为"滨城天使"，因为她熟练掌握全国主要铁路干线旅客列车等有关信息。在 20 年的工作时间里，她接待旅客 400 多万人次，没有一次错误问答，没有接到一个投诉电话。

　　旅客来自天南海北，特别是一些老年旅客乡音浓，如果听不懂他们的话，就很难为他们提供周到的服务。所以作为一名合格的问事员，不仅要别人能听懂自己的话，还要能听懂别人的话才行。于是，吕玉霜又学起了不同地区的方言，几年工夫她就掌握了不少地区的方言。

　　吕玉霜对全国 5000 多个车站成千上万对旅客列车终到、始发时间，中间站换乘时间及旅客须知了如指掌，做到对答如流、准确无误。这是忘我的努力和坚忍的毅力的体现。为了给旅客提供更多的便利，吕玉霜利用休班时间走访调查，将大连市及郊区大型企事业单位、高等院校、医院、部队、宾馆、酒店、风景区、换车路线、市内公交车站和较大单位地址及总机号码等熟记心中，练就一身令人叫绝的"脱口秀"。

　　俗话说得好，在家千日好，出门一时难。在吕玉霜看来，在服务中将心比心，时时处处设身处地地为旅客着想，解答好旅客的每一次问询，做到百问不烦，让旅客出门在外如同在家，遇到难事就不觉得难了。人性的善良与美好，也会在这一问一答之间得到传递和弘扬。

　　在吕玉霜的影响和带动下，大连站候车大厅和出站口的其他几名问事员都以吕玉霜为楷模，展开了比、学、赶、帮、超的服务竞赛，他们在平凡的岗位上也像吕玉霜那样作出了不平凡的业绩。

　　在这个平凡的岗位上，她已经默默坚守了 20 年，始终用温暖和煦的笑容、热情洋溢的话语、细致入微的答复、无微不至的帮助，让过往的旅客感受着大连的美丽与魅力。

【精神榜样】

　　在工作和学习中应该像吕玉霜一样严格要求自己，能做到最好，就不能允许自己只做到一般；能完成100%，就不能只完成99%；能尽到100%的心，就不要只尽到99%的心。任何一个人拥有了知识和才能，就会使自己的地位变得十分稳固。因此，让一切都在自己的掌控之中，让自己的才华无可取代，才能立于不败之地。

28年，从电工到电务专家

【模范人生】

窦铁成出生在陕西渭河边的一个农家。农忙之余，这个农家少年对无线电产生了兴趣，借书、买书、看书，成了他当时最大的嗜好。十几岁时，窦铁成就成了村里安灯接线、维修家电的能人。那时的他，或许没有想到，今后将与电结下不解之缘。

1979年，23岁的窦铁成圆了儿时的梦想，成了中铁一局电务公司一名电力工人。仅有初中文凭的他，暗暗发誓："一定要好好学知识、学技术，当一名好电工。"

1980年9月，窦铁成以优异的成绩考取了中铁一局的电力技术培训班。尽管培训班与家相距仅几十公里，7个月的培训期，窦铁成只在春节回了趟家。7个月之后，他脱颖而出，拿了电力单科考试的最高分。

2002年，贯通我国南北的大动脉（北）京—珠（海）高速公路开始施工。窦铁成所在的电务公司承担了广东境内一个标段的收费、照明等五大系统机电设备的安装工程。但就在交工送电前，一个变压器的开关突然不断跳闸，在场的人不知所措，将焦急的目光一齐投向了窦铁成。

窦铁成沉着地翻开图纸、对照安装图、查故障测电流，可故障还是排除不了。业主一口咬定，设备是国际最先进的，不会有问题，肯定是施工出了问题。但经过数小时的检测，经历了一次又一次的跳闸，窦铁成终于找到了问题的根源："就是开关本身出了问题！"

业主邀请的法方专家得知此事，特意乘飞机从外地赶来。窦铁成通过翻译说明了情况，那位专家直摇头："不可能，我们的产品很精密。有问题？不可能！"窦铁成于是详细地解释了检查、测试和调整的全部经过。那位专家将信将疑，连拍带照，接着亲自检查测试。在反复核对后，他被折服了，冲着窦铁成竖起了拇指："你太棒了！"

窦铁成有句口头禅是："看标准规范怎么说，拿规范说话！"在工作上，他不但严格要求自己，对身边的徒弟也从不心慈手软。

一次，窦铁成到青岔变电所例行春检，发现地沟里有一条施工时留下的草绳。按规定，地沟里不允许遗留杂物。年轻的所长马上向他承认了错误，心中却暗存一丝侥幸，希望老窦能看在师徒面上网开一面。窦铁成却毫不客气地说："你是我徒弟，执行制度就是要从你开始。"结果，一条草绳，让所里的每个人当月被扣罚了几百元钱。就是这一次重罚，让徒弟们再也不敢有丝毫懈怠，全都自觉地执行标准。

【精神榜样】

无论是工作还是学习，我们都应该以最高的标准要求自己：能做到最好就不要做到差不多；可以努力达到艺术家的水平，就不能甘心沦为一个平庸的工匠。每个人的身上都蕴含着无限的潜能，如果你能在心中给自己定一个较高的标准，激励自己不断超越自我，那么你就能摆脱平庸，走向卓越。

第八章
人所不能负的责任，我亦能负

折翅雄鹰的使命

【模范人生】

2008 年 5 月 12 日，四川汶川发生里氏 8.0 级特大地震。震后不久，成都军区某陆航团的直升机奉命紧急飞往灾区。已经 51 岁，还有几个月就停飞的邱光华，没有被列入飞行的名单。

倔强的邱光华拉住时任团长余志荣的手不放："老余，你家也在灾区，你最理解我的感受，我不能眼睁睁看着家乡人民遭罪啊！"团里最终同意让邱光华投入救灾战斗。

几天后，邱光华驾机飞赴青川空运救灾物资。到达目标空域才发现，震后乱石丛生的地面上几乎找不到一块合适的降落场。

有人建议空投，邱光华坚决反对："这可是乡亲们的救命粮、救命水，摔坏了怎么办？"在空中盘旋了几次，邱光华成功将直升机降落在一个面积不足 200 平方米、震后几块石头形成的平地上。

飞往灾区的航线，山高谷深，一些飞行员戏称之为"死亡航线"。就在这生死一线间，邱光华和他的战友们，用钢铁的旋翼架起了灾区通向外界的"空中生命通道"。

5 月 26 日，邱光华驾机进汶川接运伤员。直升机将要降落的峡谷仅百余米宽，5 道高压电线依次拦在下降的航线上。而地面由于山体滑坡导致河水上涨，原本的河滩变成了一片沼泽，找不到一处可供降落的地方。

盘旋在空中，看到人们跟着直升机来回跑动，焦急地挥舞着各种颜色的衣服，邱光华一次次试图降落，又一次次被迫把直升机拉起……在空中盘旋 30 多分钟、悬停下降 11 次后，直升机终于穿过电线网强行降了下去。

事后，邱光华说："乃员在下面，我们冒死也得下去。"

地震发生后，邱光华多次飞过家乡上空。一次空投帐篷，投送点刚好在老家附近。直升机悬停时，他第一次清晰地看到家里倒塌的房屋，但他仍然没有落地回家。

返回成都后，弟弟打来电话，说拾到了一顶他投送的帐篷，已经给年过80岁的父母搭好了。没想到，邱光华却严厉地批评了弟弟，让弟弟立即把帐篷交到当地赈灾点，让给受灾更严重的乡亲。

抗震救灾期间，邱光华累计飞行50小时31分63架次，运送救灾物资25.8吨，运送救援人员87人，后运伤员44人，转移受灾群众180人。

2008年5月31日，正在执行抗震救灾任务的邱光华机组，在运送受灾群众从四川理县返回途中，因高山峡谷局部气候瞬时变化，突遇低云大雾和强气流不幸失事，邱光华、李月、王怀远、陈林、张鹏5位同志光荣牺牲。

【精神榜样】

责任感是国民素质的一个重要方面。一个国家的公民有无责任感或责任感强弱，可以从这个国家的精神面貌中清晰地表现出来。当这个国家或民族遇到困难和风险的时候，就会有千千万万人站出来，以奉献和牺牲分担困难，排除风险。这样的民族是不可战胜的。中华民族一向崇尚"国家兴亡、匹夫有责"，这正是我们国家历经磨难而不断奋斗崛起的最宝贵的精神财富。

水电事业的"拼命三郎"

【模范人生】

刘春和，中国水利水电第一工程局第一工程处处长，同时他还是全国水电系统先进生产（工作）者、全国劳动模范等诸多荣誉称号的获得者。谁也不会想到，他是靠着一双手、一杆秤回收废品起家的。

第一工程处的前身是废旧物资回收公司，算刘春和在内，仅有3个人，没有资金，没有厂房，困难可想而知。从回收公司开始到第一工程处成立，刘春和身先士卒，和员工一起风餐露宿，同甘共苦，使回收公司由小到大，由弱到强。

刘春和的父母都是水电职工，因此他对水电建设有一种挥之不去的情结。在回收公司有了一定的家底后，他就把目光瞄准了水电事业。

1992年7月，中国水利水电第一工程局一举夺得黑龙江省莲花水电站主体土建工程全部7个标段合同。刘春和主动请缨，接受了面板堆石坝和拦污栅滑模施工任务。莲花水电站位于黑龙江省牡丹江地区，大坝地处北纬45度附近，是我国在严寒地区修建的第一座混凝土面板堆石坝，年平均气温只有3.2摄氏度，绝对最低气温达零下45.2摄氏度。

面对困难，刘春和大胆起用专业技术人员、懂经营善管理的专家和技术工人等各路精英进驻莲花水电站，专门成立了滑模突击队，郑重地从工程指挥部领导手里接过突击队大旗。指挥部的领导告诉他，他们担当的任务是重点项目之一，绝不能影响提前发电的工期。刘春和感到了身上的压力，有压力就有动力。这位当兵出身的汉子，心里默默地想，我就是拼了命，也要打胜这两个战役。刘春和和他的突击队在莲花工地刮起了一股"旋风"，掀起了大干的热潮，突击队员们连班作业，24 小时不下火线，工地上时时处处都会看到刘春和的身影。一次他的"腰突"病犯了，痛得直不起腰来，领导发现了，强令他去卫生所看病，可半个多小时后，他又重新出现在工地上。实在不行，他就在工地上坐一会儿，令在场的领导和工人十分感动，既心疼他，又不忍心再说他什么。在一次调度会上，指挥部领导说，我们抓工期是对的，但也不能拼命啊，像刘春和那样，今后绝对不行。刘春和把话当成了耳边风，"拼命三郎"的称呼从此在工地传开了。

【精神榜样】

责任感反映了一个人的思想品德。在"天下熙熙，皆为利来；天下攘攘，皆为利往"的喧嚣中，有责任感的人淡泊的是名利。他们的价值观是在帮助别人获得幸福中得到满足，而他们自己少有索求，因而责任感总是和顾全大局、忍辱负重、任劳任怨、助人为乐、谦逊礼让等优良品德联系在一起。他们表里如一，心境澄明，人前人后一个样，有无名利一个样。

津门水下尖兵吴国华

【模范人生】

吴国华被人们誉为"津门水下尖兵"，10多年的潜水员生涯，他带领全班716次紧急下潜，出色地完成了水下训练保障、工程侦察维护和抢险救灾、打捞救护等急难险重任务，在水下世界里书写了不平凡的人生。

潜水是一个必不可少的专业保障，为了能够成为一个优秀的潜水员，吴国华主动加大训练的难度、强度，经常选择生疏地域、复杂水域进行苦练。为练"快"，从陆地着装到水下目标，他卡着秒表反复练习；为练"准"，他自己在水下设置酒瓶、钉子、舟桥螺杆和扳手等小型物品进行模拟训练。扎实苦练终于练就一副"浪里白条"的好身手。艺高之后人大胆，从此以后，在一次次紧急下潜的生死考验面前，吴国华一次次主动冲在前面，并且做到了处险不惊、稳中求胜。

有一年，华北地区连降暴雨，洪水直逼天津市。北运河闸门出现险情，洪水冲开了4平方米的漏洞，以每秒200立方米流量泛滥着，漏洞在洪水的冲击下越来越大，洪水下泄速度越来越快。

危急时刻，吴国华率领全班奉命赶到。他第一个潜入水下，但几次试图接近漏洞，都险些被洪水卷走。他冒着危险，用增加潜水衣铅块重量的办法，终于把自己稳定在水下。在死亡地带，他带领全班连续奋战5个多小时，降服了洪魔，堵住了决口。

为了提高在各种复杂条件下执行任务的能力，吴国华还带领全班在风、雨、雷、电等天候和动、静态水（海）域中进行训练。经过无数次的摸索和训练，他总结出了一整套潜水员理论学习、基础训练、陆地着装、下水作业和快速潜水的训练方法，为潜水员提高潜水技能走出了一条新路。

【精神榜样】

责任，看似一个很简单的词，却有着无比沉重的分量。当我们走进社会，责任将会变成一份礼物来送给我们。我们可能会要为这份礼物付出很多乃至一切。我们可不可以不接受这份礼物呢？不可以。责任是与生俱来的，是不可推卸的。虽然是痛苦的，但它最终带给我们的是人格的伟大、精神的升华。

人民英模苏兆征

【模范人生】

苏兆征出生在一个贫苦的农民家庭，读了几年私塾的苏兆征到了香港怡和洋行的海船上做杂役。在香港外轮上有机会接触到经常乘船奔走革命的孙中山。在孙中山的帮助与鼓励下，逐渐意识到个人命运与整个国家、全民族的命运紧紧联系在一起。

苏兆征参加了孙中山创办的同盟会。负责运送军火、传递情报等工作，孙中山表彰他为"广东方面的活动分子"。1921 年，与林伟民等一起在香港发起成立了"中华海员工业联合总会"，并带领 10 万海员向资本家开展了有理有节却是坚忍不拔、极其艰难的斗争。经常与工作打交道的他，谦虚与厚重深受工人敬佩，大家都喊他"大哥"。

因为苏兆征在工人中的威望很高，再加上他超凡的组织能力和办事魄力，使他从众人中脱颖而出。他作为谈判代表与资本家谈判时，不为殖民主义者的高压政策所动摇，也不为资本家的甜言蜜语所迷惑，坚定沉着，机智果敢。后来，他被 10 万海员推选出来作为优秀代表。苏兆征以过人的才华与组织、宣传能力，在恶劣的环境下，领导了一支近 10 万人的庞大队伍。

在第一次国共合作中，苏兆征以中共党员的身份，与毛泽东等一起走进国民政府，担任劳工部部长，并担任中华全国总工会委员长等一系列职务。几百万的经费多次经手，他不仅廉洁自律，而且把这有限的经费使用得恰到好处。苏兆征以谦廉、厚重的形象在党内队伍中受人敬佩。

上海五卅惨案发生后，广州各界群众举行示威游行。香港各工会代表召开联席会议，成立了以苏兆征为主席、邓中夏为副主席的"全港工团联合会"，领导香港工人于1925年6月19日开始总罢工。苏兆征等人组织和发动了香港10多万工人到广州，投入反对帝国主义和巩固广东革命根据地的斗争。

接着，香港工人与广州沙面洋务工人联合发动罢工，并成立了省港罢工委员会，苏兆征当选为罢工委员会委员长兼财政委员会委员长。罢工委员会当即决定断绝广东对香港的肉食、蔬菜及一切物资的供应，并组织了两千多人的工人纠察队，禁止英船英货进口，严密封锁香港，使香港的生产和运输都陷于瘫痪。

省港大罢工坚持了1年零4个月才结束。这次罢工声援上海工商学联合会提出的17项条件，并向香港当局提出政治自由、法律平等、普遍选举、劳动立法、减少房租、居住自由等6项要求。15天中，罢工人数达25万。

省港大罢工充分显示了中国工人阶级的伟大力量，在政治上、经济上给英帝国主义以沉重打击，并有力地支持了广东革命政府，促进了广东革命根据地的巩固和发展。苏兆征的英名与这次罢工斗争的伟大业绩一起永载史册。

严酷的斗争环境，长期的忘我工作，苏兆征积劳成疾。在生命的最后，苏兆征仍然念念不忘组织群众进行斗争，对前去探望的人说："广大人民已无法生活下去，要革命，等待我们去组织起来。""大家同心合力，一致合作，达到革命的最后成功！"围在病榻旁的战友周恩来、向忠发、李立三等黯然神伤。

【精神榜样】

苏兆征成功组织领导了省港大罢工，与他为人厚重、谦廉的人格魅力不无关系。因此，人际关系的协调是一个人事业成功的重要因素。要实现梦想，仅靠个人力量往往是不够的，再能干的人也有束手无策的时候。一个好汉三个帮，好人缘能帮我们解决很多难题，而赢得尊重最简单可行的办法就是谦虚。谦虚能让你把危难的时刻变成逢生的契机，谦虚能使你在倏忽的机缘中成就毕生的理想。

赤身下葬的年轻将领

【模范人生】

寻淮洲 15 岁参加革命，他南征北战，领导了数次大小战斗，英勇善战，屡建战功，深受毛泽东等人的赞誉。他孤胆夺枪的故事在红军将士中广为流传。

1929 年春，由于红军武器非常少，在与敌人的战斗中伤亡惨重，部队只得在遂川临时休整。这时有人跑来对团长张子清报告说，距遂川城不远的地方有一个姓卢的土豪，家里有 10 支枪。张团长灵机一动，计上心来，决定派寻淮洲带 20 人去把卢土豪家的 10 支枪搞过来。

寻淮洲兴奋地说："请首长放心，我保证完成任务！"接着，他思考了片刻又说："那个土豪家离我们这里有几十里地，人多反而不便于隐蔽，加之他家丁众多，附近还有国民党的正规军，只派我一个人去即可！"

张团长听寻淮洲说得有理，就同意了他的建议。当天下午，寻淮洲穿上向老乡借来的一身破衣服，带着一条麻绳、两支驳壳枪和两枚手榴弹，装扮成一个放牛娃，只身一人出发了。

第二天早晨，寻淮洲扛着 10 支枪回到了营地，团长和战士们纷纷围着他问事情的经过。这时，毛委员来了，寻淮洲向大家说明了夺枪的经过。

寻淮洲一直等到深夜卢土豪的家丁睡熟后，才潜入宅院内。当时卢土豪和老婆在正房里吃夜宵，寻淮洲决定首先进入正房，控制住卢土豪。寻淮洲趁其不备，一把抓住卢土豪的衣领，用手枪顶住他的脑袋，卢土豪和小老婆顿时吓得六神无主。

卢土豪弄清寻淮洲的意图后，先是推说没有，接着又说亲自去取。寻淮洲却说："不要耍花样，我带来了 3 个排的人。"卢土豪只好让老婆把枪乖乖地送到寻淮洲的面前。

听完寻淮洲的叙述，毛委员高兴地拍着他的肩膀说："我看你这个'小参谋'应该改一改称呼了，应该叫你'小英雄'才对啊！干得漂亮！干得漂亮！"

1934年12月，蒋介石调兵遣将，以11个团20余万人，兵分4路"围剿"红十军团，还派飞机侦察轰炸。由寻淮洲领导的红十军处于不利的局势，阵地很快即被敌组织的优势兵力所冲垮，军团固守的制高点乌泥关也被敌夺去。

寻淮洲决定率部猛攻，将制高点夺回。他声嘶力竭地喊："弟兄们，不能退，退一步就全完了，咱们都拼命吧！"说完就敏捷地冲出阵地，但国民党主力的枪声密集，一颗子弹射中了小腿，寻淮洲顾不上受伤的腿，指挥战士向前冲。一颗颗无情的子弹又射过来，寻淮洲中弹倒在地上。

战士们看到这里，一齐蜂拥着扑向冲在队伍最前面的寻淮洲，以血肉之躯挡住射向他的子弹，有几个红军战士迅速抬着寻淮洲转移。由于流血过多，在转移的过程中，寻淮洲停止了呼吸。在弥留之际，他还反复地念着："北上抗日！北上抗日！"

战斗结束后，其对手国民党高级将领王耀武心里很是奇怪：为什么众多红军战士为抢救寻将军而不顾自己的生命前赴后继呢？寻将军在战士们心中是怎么一个人呢？红军撤退后，王耀武找人将寻淮洲的墓掘开，竟发现寻将军是上身赤裸着下葬的。

原来，这支红军部队早在一个月前就已弹尽粮绝，寻淮洲下命令：所有战死者的衣服一律留给活着的战友，他自己也不能例外。

【精神榜样】

寻淮洲是一个军事天才，他凝聚了红军千万将士的心。将士们穷尽自己的所有追随将领战斗，那是因为将领同他们一样，为革命倾其所有，毫无私心。有了这样的凝聚力，将士人人以一当十，与数倍于己的敌人进行顽强拼搏，即使敌人有再强的武器，也会将其打败。

农民运动领袖韦拔群

【模范人生】

在为缔造共和国而英勇献身的众多革命先烈中，有一位领导农民闹革命的杰出的壮族领导人——韦拔群。他把自己的一生献给了党和人民的解放事业，群众亲切地称他为"拔哥"。

韦拔群出生于广西东兰县一个壮族家庭里。他年少时常与贫苦农民的孩子们一起下地劳动，目睹了贫苦农民的悲惨生活，从小就养成了同情贫苦农民、好打抱不平、正直刚毅的品德。

五四运动时期，韦拔群热情宣传十月革命思想，在家乡组织东兰同志会，发动受苦最深的瑶族群众同贪官污吏、劣绅土豪做斗争。为了深入群众，他穿着草鞋、戴着斗笠，到瑶族群众居住的地区，向他们宣传革命道理，还提出"不给山主抬轿、服役、送礼"的口号，受到瑶胞的热烈欢迎和拥戴。瑶族群众纷纷加入农民自治会，表示要跟着他闹革命。

1932年，敌人在革命根据地实行杀光、烧光、抢光、掳光的"血洗政策"。为了隔离红军与群众的联系，敌人不许群众带一粒粮食和一根火柴上山，妄图饿死、冻死红军。敌人挨村"搜剿"，见草就烧，见水放毒，见与红军联系的人就杀。

在这些艰苦的岁月里，韦拔群的革命意志丝毫没有动摇，他带领队伍转战在丛林中，与战士群众同甘共苦。没有粮食，他们就以野菜充饥；没有房子，他们就以岩洞栖身；冬天寒冷，他们就以围火过冬。

无论面对如何艰苦的环境，韦拔群始终充满乐观的革命精神。他的行为感染了广大战士与群众，他也因此深受人民群众的尊敬与爱戴，赢得"拔哥"的亲切称呼。

韦拔群在家乡领导农民闹革命声势浩大，因此屡遭土豪劣绅的镇压，他也被通缉。无奈之下，他离开家乡，辗转来到广州，看到广州的工人、农民、学生革命运动蓬勃发展的形势，极受鼓舞。于是他进入了第三届广州农民运动讲习所学习。

在学习期间，他意识到只有以马克思主义思想为指导，才能把中国从半殖民地半封建的悲惨命运中解放出来。结业后，他被委派为农运特派员，返回广西继续开展农民运动。1925 年 5 月，他回到家乡，广泛进行宣传、发动群众，更加积极地开展农民运动。

为了进一步发动群众，1925 年 9 月，韦拔群领导创办了广西最早的农民运动讲习所，先后培训农运骨干 500 多人，有力地推动了广西农民运动的迅速发展。他还曾组织农民自卫军 3 次攻打东兰县城，夺取县城，"三打东兰"是中国现代农民革命运动史上最早的一次武装起义。

1930 年 11 月，红七军三力离开右江苏区时，韦拔群仅带领数名警卫员和一个红军番号留守右江革命根据地。他在家乡发动群众，组织扩建部队，很快重新组建起红七军二十一师，在极其艰苦的条件下领导坚持游击斗争，率红军先后粉碎了桂系军阀对根据地发动的两次"围剿"，保卫和巩固了右江革命根据地。

新中国成立后，毛泽东一直非常怀念韦拔群烈士，几乎每次见到广西人，都要深切地谈起韦拔群，称赞道："韦拔群是广州农讲所最好的学生！"有一次毛泽东在南宁主持中央工作会议时，说："韦拔群是个好同志，我过去搞农运，有些东西还是从韦拔群那里学来的。"

【精神榜样】

英雄"拔哥"深受人民群众爱戴，这与他自身的影响力关系密切。政治家运用影响力来赢得选举，商人运用影响力来兜售商品，推销员运用影响力诱惑你乖乖地把金钱捧上。即使你的朋友和家人，不知不觉之间，也会把影响力施加到你的身上。如果你可以用一种为别人乐于接受的方式，改变他人的思想和行动的能力，就足以说明你具备了一定的影响力。影响力可以使你扫除工作中的障碍，化解生活中的矛盾，在一个团队里树立个人权威。

生为阶级，死为阶级

【模范人生】

1924 年，王尔琢被黄埔军校第一期正式录取。在校学习期间，他努力刻苦，各个科目的成绩都名列前茅，当时在军校担任政治部主任的周恩来对他极为赏识，时常找他谈话。1924 年 11 月 30 日，王尔琢从黄埔军校正式毕业，周恩来就让王尔琢留校，连续担任第二期、第三期学生分队队长和党代表职务。

1924 年，军阀陈炯明与广州大买办头子陈廉伯勾结，妄图推翻以孙中山为首的革命政权。中国共产党帮助孙中山调集黄埔军校的学生军参加平叛，王尔琢指挥学生分队，配合其他力量，平息了这次叛乱。

1925 年 1 月，王尔琢作为黄埔军校学生军第一教导团任连党代表，参加了对陈炯明的两次东征。在战斗中他表现出色，由连党代表提升为营长。这时，蒋介石也看到了王尔琢的出众才华，有意拉拢他，但被王尔琢果断地回绝了。

1926 年夏，王尔琢参加了北伐战争，并被委任为党代表兼政治部主任、二十六团团长。9 月，他率部队进入江西，在 3 次攻打南昌的战斗中，奋勇杀敌，屡立战功。1927 年春，王尔琢率部向上海挺进途中，蒋介石委派两名亲信再次企图拉拢王尔琢加入国民党，以擢升军长之高官相许，又一次被王尔琢严词拒绝。

1928 年 5 月 4 日，王尔琢被任命为中国工农革命军第四军参谋长兼第十师二十八团团长，开始协助毛泽东、朱德指挥战斗。王尔琢英勇善战，指挥有方，几次率部打入虎穴，有力地打击敌人，为挫败敌人对井冈山革命根据地的“围剿”作出了突出的贡献。

王尔琢不仅对国民党反动派斗争坚定不移，而且对党内的错误路线斗争也从不妥协。1928 年 7 月，中共湖南省委又派杜修经、袁德生、杨开智等人上井冈山，命令红军下山进攻湘南郴州。王尔琢认为这是一条错误路线，一针见血地指出：“二十九团部分官兵正想撤回宜章老家，而守敌范石生等人的实力甚为雄厚，如此盲目进攻，无异于以卵击石，势必造成我军重大损失。”拒不执行命令。

王尔琢的意见并没有引起湖南省委的重视，军委负责人强令王尔琢率二十八团随二十九团于 8 月攻打湘南，王尔琢无奈，只好违心地受命领兵出击，果真钻进敌人口袋内，几乎全军覆灭。在这危急关头，王尔琢冒着杀头危险抗拒命令，将部队撤至桂东县，避免了更大损失。

时为党中央委员的毛泽东闻讯，亲率三十一团的伍中豪营，经酃县赶到桂东，与朱德、陈毅会合。王尔琢重回井冈山，毛泽东抓住他的手激动地说：“你王尔琢保存了二十八团，功不可没啊。”

就在二十八团重返井冈山的途中，二十八团二营营长袁崇全煽动炮兵连及五连叛离革命队伍。王尔琢为了保存革命力量，将受蒙蔽的官兵争取回队，不顾生命危险，前往追赶叛军。叛徒暗中向他开枪射击，王尔琢猝不及防，中弹牺牲。

在追悼会上，毛泽东泪如泉涌地说：“王尔琢的牺牲，换回了两个连，稳定了红军，挽救了革命。”毛泽东当场为他拟了一副挽联：“一哭尔琢，二哭尔琢，尔琢今已矣！留却重任谁承受？生为阶级，死为阶级，阶级后如何？得到胜利始方休！”

【精神榜样】

王尔琢在紧要时刻当机立断，敢冒杀头危险抗拒命令，他的果断源于坚定的责任感和使命感。奥斯特洛夫斯基在《钢铁是怎样炼成的》

一书里写过这样一句话："人的一生可能燃烧，也可能腐朽。我不能腐朽，我愿意燃烧起来。"不管从事什么工作，不管遇到什么困难，一旦具有这种燃烧的意志，就能产生强大的责任心，就能战胜一切艰难困苦。